러시아어
토르플 1급
실전 모의 고사
❻

러시아어 토르플 1급 실전 모의 고사
❻

초판 인쇄 2021년 07월 22일
초판 발행 2021년 07월 30일

지은이 Левенталь И.В., Дубинина Н.А., Ильичева И.Ю.,
Лейфланд-Бернтссон Л.В., Конанов А.С., Гордеев Е.Н., Ерофеева И.Н., Птюшкин Д.В.

펴낸이 김선명
펴낸곳 뿌쉬낀하우스
책임편집 엄올가
편집 송사랑, 김율리아
디자인 김율하

주소 서울시 중구 동호로 15길 8, 리오베빌딩 3층
전화 02) 2237-9387
팩스 02) 2238-9388
홈페이지 www.pushkinhouse.co.kr

출판등록 2004년 3월1일 제2004-0004호

ISBN 979-11-7036-055-1 14790
978-89-92272-64-3 (세트)

© ООО Центр «Златоуст», 2020
Настоящее издание осуществлено по лицензии, полученной от ООО Центр «Златоуст»
© Pushkin House, 2021

이 책의 한국어판 저작권은 «Златоуст» 출판사와 독점 계약한 뿌쉬낀하우스에 있습니다.
저작권법에 의해 한국 내에서 보호를 받는 저작물이므로 무단 전재와 무단 복제를 금합니다.

※ 잘못된 책은 바꿔 드립니다.

Тест по русскому языку как иностранному
Первый сертификационный уровень

토르플 고득점을 위한 모의고사 시리즈

TORFL
러시아어
토르플 1급
실전 모의고사 6

Левенталь И.В., Дубинина Н.А., Ильичева И.Ю.,
Лейфланд-Берисссон Л.В., Конанов А.С., Гордеев Е.Н.,
Ерофеева И.Н., Птюшкин Д.В. 지음

뿌쉬낀하우스

※ MP3 파일은 뿌쉬낀하우스 홈페이지(www.pushkinhouse.co.kr)에서 무료로 다운로드받을 수 있습니다.
또한 스마트폰을 통해 문제 페이지에 있는 QR코드를 스캔하면 듣기 영역 MP3 파일을 바로 청취할 수 있습니다.

contents

토르플 길라잡이 _6

1부 테스트

Субтест 1.   ЛЕКСИКА. ГРАММАТИКА 어휘, 문법 영역 _11

Субтест 2.   ЧТЕНИЕ 읽기 영역 _30

Субтест 3.   АУДИРОВАНИЕ 듣기 영역 _41

Субтест 4.   ПИСЬМО 쓰기 영역 _48

Субтест 5.   ГОВОРЕНИЕ 말하기 영역 _52

2부 정답

어휘, 문법 영역 정답 _59

읽기 영역 정답 _63

듣기 영역 정답 및 녹음 원문 _64

쓰기 영역 예시 답안 _71

말하기 영역 예시 답안 _75

첨부: 답안지 MATPИЦА _83

1. 토르플 시험이란?

토르플(TORFL)은 'Test of Russian as a Foreign Language'의 약자로 러시아 교육부 산하기관인 '러시아어 토르플 센터'에서 주관하는 외국인 대상 러시아어 능력 시험이다. 기초 단계에서 4단계까지 총 여섯 단계로 나뉘어 있으며 시험 과목은 어휘·문법, 읽기, 듣기, 쓰기, 말하기의 다섯 영역으로 구성되어 있다. 현재 토르플은 러시아 내 대학교의 입학 시험, 국내 기업체, 연구소, 언론사 등에서 신입사원 채용 시험 및 직원들의 러시아어 실력 평가를 위한 방법으로 채택되고 있다.

2. 토르플 시험 단계

토르플 시험은 기초단계, 기본단계, 1단계, 2단계, 3단계, 4단계로 나뉘어 있다.

- 기초단계 (элементарный уровень)
  일상생활에서 필요한 최소한의 러시아어 구사가 가능한 가장 기초 단계이다.

- 기본단계 (базовый уровень)
  일상생활에서 필요한 기본적인 의사 소통이 가능한 단계이다.

- 1단계 (I сертификационный уровень)
  일상생활에서의 자유로운 의사소통뿐만 아니라, 사회, 문화, 역사 등의 분야에서 러시아인과 대화가 가능한 공인단계이다. 러시아 대학에 입학하기 위해서는 1단계 인증서가 필요하며, 국내에서는 러시아어문계열 대학졸업시험이나 기업체의 채용 및 사원 평가 기준으로도 채택되고 있다.

- 2단계 (II сертификационный уровень)
  원어민과의 자유로운 대화뿐만 아니라, 문화, 예술, 자연과학, 공학 등 전문 분야에서도 충분히 의사소통이 가능한 공인단계이다. 2단계 인증서는 러시아 대학의 비어문계 학사 학위 취득을 위한 요건이며 석사 입학을 위한 자격 요건이기도 하다. 1단계와 마찬가지로 국내에서는 러시아어문계열 대학졸업시험이나 기업체의 채용 및 사원 평가 기준으로도 채택되고 있다.

· 3단계 (III сертификационный уровень)
사회 전 분야에 걸쳐 고급 수준의 의사소통 능력을 지니고 있어 러시아어로 전문적인 활동이 가능한 공인단계이다. 러시아 대학의 비어문계열 석사와 러시아어문학부 학사 학위를 취득하기 위해서 3단계 인증서가 필요하다.

· 4단계 (IV сертификационный уровень)
원어민에 가까운 러시아어 구사 능력을 지니고 있는 가장 높은 공인단계로, 이 단계의 인증서를 획득하면 러시아어문학계열의 모든 교육과 연구 활동이 가능하다. 4단계 인증서는 러시아어문학부 석사, 비어문계열 박사, 러시아어 교육학 박사 등의 학위를 취득하기 위한 요건이다.

3. 토르플의 시험영역
토르플 시험은 어휘·문법, 읽기, 듣기, 쓰기, 말하기의 다섯 영역으로 구성되어 있다.

· 어휘·문법 영역 (ЛЕКСИКА. ГРАММАТИКА)
객관식 필기 시험으로 어휘와 문법을 평가한다. (*사전 이용 불가)

· 읽기 영역 (ЧТЕНИЕ)
객관식 필기 시험으로 주어진 본문과 문제를 통해 독해 능력을 평가한다. (*사전 이용 가능)

· 듣기 영역 (АУДИРОВАНИЕ)
객관식 필기 시험으로 들려 주는 본문과 문제를 통해 이해 능력을 평가한다. (*사전 이용 불가)

· 쓰기 영역 (ПИСЬМО)
주관식 필기 시험으로 주제에 알맞은 작문 능력을 평가한다. (*사전 이용 가능)

· 말하기 영역 (ГОВОРЕНИЕ)
주관식 구술 시험으로 주어진 상황에 적합한 말하기 능력을 평가한다. (*사전 이용이 가능한 문제도 있음)

4. 토르플 시험의 영역별 시간

구 분	기초 단계	기본 단계	1단계	2단계	3단계	4단계
어휘·문법 영역	40분	50분	60분	90분	90분	60분
읽기 영역	40분	50분	50분	60분	60분	60분
듣기 영역	30분	30분	35분	35분	35분	45분
쓰기 영역	30분	50분	60분	55분	75분	80분
말하기 영역	20분	25분	60분	45분	45분	50분

*토르플 시험의 영역별 시간은 시험 시행기관마다 조금씩 다를 수 있습니다.

5. 토르플 시험의 영역별 만점

구 분	기초 단계	기본 단계	1단계	2단계	3단계	4단계
어휘·문법 영역	100	100	165	150	100	140
읽기 영역	120	180	140	150	150	127
듣기 영역	100	150	120	150	150	150
쓰기 영역	40	80	80	65	100	95
말하기 영역	90	120	170	145	150	165
총 점수	450	630	675	660	650	677

6. 토르플 시험의 합격 점수

구 분	기초 단계	기본 단계	1단계	2단계	3단계	4단계
어휘·문법 영역	66–100점 (66%이상)	66–100점 (66%이상)	109–165점 (66%이상)	99–150점 (66%이상)	66–100점 (66%이상)	92–140점 (66%이상)
읽기 영역	79–120점 (66%이상)	119–180점 (66%이상)	92–140점 (66%이상)	99–150점 (66%이상)	99–150점 (66%이상)	84–127점 (66%이상)
듣기 영역	66–100점 (66%이상)	99–150점 (66%이상)	79–120점 (66%이상)	99–150점 (66%이상)	99–150점 (66%이상)	99–150점 (66%이상)
쓰기 영역	26–40점 (66%이상)	53–80점 (66%이상)	53–80점 (66%이상)	43–65점 (66%이상)	66–100점 (66%이상)	63–95점 (66%이상)
말하기 영역	59–90점 (66%이상)	79–120점 (66%이상)	112–170점 (66%이상)	96–145점 (66%이상)	99–150점 (66%이상)	109–165점 (66%이상)

1부 테스트

Субтест 1. ЛЕКСИКА. ГРАММАТИКА

Инструкция к выполнению теста

- **Время выполнения теста — 60 минут.**
- Вы получили задания, инструкции к заданиям и матрицы.
- **Напишите в матрице фамилию, имя, страну и дату.**
- Тест состоит из 4 частей (165 заданий).
- При выполнении теста **пользоваться словарём нельзя**.
- В заданиях нужно выбрать вариант ответа и отметить его в матрице.

Например:

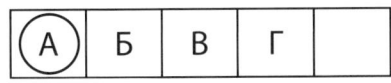

(Вы выбрали вариант А).

Если вы ошиблись и хотите исправить ошибку, сделайте так:

Например:

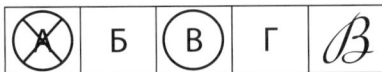

(Ваш выбор — вариант В, вариант А — ошибка).

Отмечайте ваш выбор только в матрице, в тесте ничего не пишите! Проверяться будет только матрица.

ЧАСТЬ 1

Задания 1–25. Выберите один вариант ответа.

1. Теперь я понимаю, что всё сделал _____ .	(А) правда (Б) правильно (В) правило
2. По-моему, у этого телефона плохое _____ звука. **3.** В этом тексте большое _____ ошибок.	(А) качество (Б) количество (В) собрание
4. Сегодня _____ политиков по этому вопросу разделились. **5.** На этом сайте вы найдёте самые актуальные политические _____ .	(А) новости (Б) мнения (В) мысли
6. В новое отделение банка требуются _____ по работе с клиентами.	(А) коллеги (Б) рабочие (В) специалисты
7. Со Юн, скажи мне, как _____ «море»?	(А) корейский язык (Б) корейское (В) по-корейски
8. У тебя очень _____ лицо. С тобой всё в порядке? Как ты себя чувствуешь?	(А) бледное (Б) белое (В) бедное
9. — Аня, у меня _____ джинсы, как у тебя. **10.** — Нет, Саша, у нас _____ джинсы.	(А) такие же (Б) другие (В) разные

11. Мой брат _____ старше меня. Мне 20 лет, а ему 36.	(А) намного (Б) немного (В) много
12. Во многих странах мира _____ курить в общественных местах. **13.** Чтобы чувствовать себя хорошо, _____ достаточно спать.	(А) нельзя (Б) необходимо (В) некогда
14. Моя подруга сейчас отдыхает в Таиланде. Как я хотел бы тоже оказаться _____ . **15.** Подойди _____ , пожалуйста! Я тебе кое-что покажу.	(А) сюда (Б) здесь (В) там
16. — Твоя сестра школьница? — Нет, она _____ студентка.	(А) ещё (Б) уже (В) пока
17. Как _____ этот город?	(А) зовут (Б) называется (В) называет
18. Подруги очень давно не виделись, поэтому _____ друг с другом весь вечер без остановки.	(А) разговаривали (Б) рассказывали (В) обсуждали
19. Ты слышал, что она _____ в следующую субботу?	(А) женится (Б) выходит замуж (В) замужем
20. Мой друг не _____ плавать, поэтому он ищет бассейн с тренером по плаванию.	(А) знает (Б) умеет (В) может

21. После занятий обычно я ____ в библиотеке.	(А) учу (Б) учусь (В) занимаюсь
22. Моей дочери было пять лет, когда она ____ читать.	(А) изучила (Б) научилась (В) узнала
23. В детстве мне очень нравился один фильм, но я забыл, как он называется. Если я ____ его название, то сразу скажу тебе.	(А) помню (Б) запомню (В) вспомню
24. Каждый год у нас в городе ____ кинофестиваль.	(А) производит (Б) произносит (В) проходит
25. — Кто ____ вазу на край стола?	(А) положил (Б) поставил (В) повесил

ЧАСТЬ 2

Задания 26–77. Выберите один вариант ответа.

26. Я очень скучаю ____ . Давай встретимся!	(А) на тебя (Б) по тебе (В) тобою
27. Объясните мне, пожалуйста, почему ____ не было на рабочем месте.	(А) вы (Б) вам (В) вас

28. Я узнал эту новость от своей _____ .	(А) подруги (Б) подруге (В) подругу
29. Мой письменный стол стоит _____ .	(А) в угле (Б) в углу (В) в угол
30. На нашей улице не осталось ни одного ____ .	(А) дерево (Б) дереву (В) дерева
31. Я вернусь через несколько _____ .	(А) минуту (Б) минут (В) минуты
32. Мои знакомые очень гордятся _____ . **33.** Однако они очень волнуются за _____ .	(А) своей дочери (Б) своей дочерью (В) свою дочь (Г) со своей дочерью
34. Я очень довольна _____ в Греции. **35.** Мне кажется, я должен уже сейчас думать, как провести _____ .	(А) своим отпуском (Б) своего отпуска (В) свой отпуск (Г) своему отпуску
36. Вчера на улице я не сразу узнал _____ . Он так сильно изменился! **37.** Мне очень нравится _____ по экономике.	(А) нашего профессора (Б) наш профессор (В) нашему профессору (Г) нашим профессором

38. — Обычно я чищу зубы перед _____ . А ты? **39.** — А я чищу зубы после … .	(А) завтрак (Б) завтраком (В) завтрака (Г) завтраку
40. Благодаря _____ я принял правильное решение. **41.** Без _____ я не смог бы выбрать автомобиль.	(А) твоего совета (Б) твой совет (В) твоему совету (Г) твоим советом
42. Обычно я езжу на работу _____ . **43.** Часто _____ я слушаю радио или аудиокниги.	(А) в машине (Б) с машиной (В) на машине (Г) за машиной
44. В детстве я увлекалась _____ . **45.** В этом году в нашем городе состоится чемпионат по _____ .	(А) фигурное катание (Б) фигурного катания (В) фигурным катанием (Г) фигурному катанию
46. _____ я побывал в Лондоне, Париже, Риме и Москве.	(А) Прошлый год (Б) В прошлом году (В) На прошлый год
47. Несмотря на _____ со здоровьем, он смог участвовать в конкурсе.	(А) серьёзные проблемы (Б) серьёзных проблем (В) серьёзных проблемах
48. Я женился 4 марта _____ .	(А) 2019 года (Б) 2019 год (В) в 2019 году

49. Нина, поздравляю _____ !	(А) рождение сына (Б) с рождением сына (В) с рождения сына
50. Я собираюсь уехать из города _____ . **51.** Боюсь, она не успеет сделать эту работу _____ .	(А) три недели (Б) за три недели (В) на три недели (Г) трёх недель
52. _____ твой старший брат?	(А) Какого роста (Б) Какой рост (В) С каким ростом
53. Он с детства интересуется _____ разных стран.	(А) традиций (Б) о традициях (В) традициями
54. Недавно я получил письмо _____ . **55.** Я договорилась _____ о встрече сегодня вечером.	(А) у одного старого знакомого (Б) с одним старым знакомым (В) от одного старого знакомого (Г) один старый знакомый
56. Ольга пообещала _____ вернуться домой в 10 часов. **57.** В субботу она хочет познакомить _____ со своим молодым человеком.	(А) родителям (Б) родителей (В) родителями (Г) родители
58. Я очень рад _____ . **59.** Мне стало грустно _____ .	(А) об этих новостях (Б) от этих новостей (В) этими новостями (Г) этим новостям

60. Я уже не помню, когда я в первый раз посетил _____ . **61.** Ты когда-нибудь ездил _____ ?	(А) в Москве (Б) в Москву (В) Москва (Г) Москву
62. _____ ты больше всего боишься? **63.** _____ мешает тебе бросить курить?	(А) Чему (Б) Что (В) Чего (Г) Чем
64. _____ зависит успех этого проекта. **65.** _____ нужно сдать свою часть работы вовремя.	(А) Всем нашим сотрудникам (Б) Всех наших сотрудников (В) Все наши сотрудники (Г) От всех наших сотрудников
66. Давай погуляем _____ ! **67.** Самое большое впечатление на меня произвёл _____ .	(А) вечерний город (Б) по вечернему городу (В) над вечерним городом (Г) от вечернего города
68. _____ было 56 лет, когда он второй раз женился.	(А) Мой дедушка (Б) Моего дедушки (В) Моему дедушке
69. Честно говоря, я никогда не читал _____ .	(А) о событиях тех лет (Б) событий тех лет (В) события тех лет

70. Утром мне нужно заехать в консульство ____ — моя виза уже готова. **71.** Я так рад, что завтра у меня будет ____ с визой.	(А) за паспортом (Б) для паспорта (В) в паспорте (Г) паспорт
72. До Нового года осталось всего 14 ____ . **73.** Я поеду в отпуск на 21 ____ .	(А) дня (Б) дней (В) день (Г) днях
74. Я надеюсь, что на вечеринке ____ было весело.	(А) все (Б) всех (В) всем
75. Вчерашний вечер я провёл в гостях ____ .	(А) друзей (Б) у друзей (В) к друзьям
76. Я попросил ____ дать мне денег. **77.** Но ____ не понравилась моя просьба.	(А) отца (Б) отцу (В) к отцу (Г) от отца

ЧАСТЬ 3

Задания 78–128. Выберите один вариант ответа.

78. Ты умеешь ____ ?	(А) играешь на гитаре (Б) играть на гитаре (В) играет на гитаре

79. Я должен _____ домой в понедельник.	(А) вернулся (Б) вернусь (В) вернуться
80. Коллега посоветовал мне _____ внимательнее.	(А) буду (Б) быть (В) был
81. Я предложу ей _____ выходные вместе.	(А) провести (Б) проведём (В) провели
82. Мы обещали соседям не _____ музыку после 10 часов вечера.	(А) включаем (Б) включать (В) включали
83. Ты уже _____ в интернете последние новости?	(А) читаешь (Б) читал (В) читать
84. Мама, можно я _____ у бабушки на выходные?	(А) остаться (Б) останусь (В) останется
85. Твой телефон звонит. Ты _____?	(А) слышишь (Б) услышишь
86. Потом я обязательно _____ тебе эту историю.	(А) рассказываю (Б) расскажу
87. К сожалению, моя любимая команда часто _____.	(А) проигрывает (Б) проиграет

88. Ты уже _____ , куда ты поедешь этим летом?	(А) решил (Б) решал
89. Когда начнутся занятия, я _____ каждый день в семь утра.	(А) встану (Б) буду вставать
90. Не _____ меня, ложись спать пораньше!	(А) жди (Б) подожди
91. Мама, _____, пожалуйста, денег!	(А) давай (Б) дай
92. Раньше мы _____ каждый день.	(А) встречались (Б) встретились
93. Я _____ тебе сегодня вечером. Ты не будешь занят?	(А) звоню (Б) позвоню
94. Я _____ такие классные джинсы!	(А) купил (Б) покупал
95. Ты не будешь против, если я _____ музыку?	(А) включаю (Б) включу
96. Весь день я _____ себя усталым.	(А) чувствовал (Б) почувствовал
97. Я принесла тебе книгу, _____ вчера.	(А) купленная (Б) купленную
98. У меня на стене висит открытка, _____ мне много лет назад.	(А) подаренная (Б) подарившая

99. Студент, _____ на все вопросы правильно, получил отличную оценку.	(А) отвеченный (Б) ответивший
100. — Где ты был? — Я _____ в спортзал.	(А) шёл (Б) ходил
101. Раньше я часто _____ в кино, а теперь предпочитаю смотреть фильмы дома.	(А) шёл (Б) ходил
102. Я ждал её звонка днём. Но она позвонила только вечером, когда я _____ с работы.	(А) шёл (Б) ходил
103. Вчера дождь _____ весь день.	(А) шёл (Б) ходил
104. — Где ты была? — Я _____ в Москву.	(А) ехала (Б) ездила
105. Привет! Как твои дела? Я думала о тебе, когда _____ сюда.	(А) ехала (Б) ездила
106. Я уже много раз _____ в Париж.	(А) ехала (Б) ездила
107. День был трудный, но вечером я _____ домой в хорошем настроении.	(А) ехала (Б) ездила
108. Кто из вас обычно _____ ребёнка в детский сад?	(А) водит (Б) ведёт

109. Настя очень хорошо _____ , потому что она уже два года ходит на занятия по плаванию.	(А) плывёт (Б) плавает
110. Раньше я часто _____ в парке, но теперь перестал.	(А) бежал (Б) бегал
111. Ты замечаешь, как быстро _____ время?	(А) летит (Б) летает
112. У меня всё ещё нет любимого человека. Кажется, мне не _____ в любви.	(А) возит (Б) везёт
113. Я _____ машину с 18 лет.	(А) веду (Б) вожу
114. Как давно ты _____ очки?	(А) носишь (Б) несёшь
115. Я никогда не _____ на самолёте.	(А) летела (Б) летала
116. Отличное платье! Тебе очень _____ этот цвет!	(А) идёт (Б) ходит
117. Я всегда _____ с собой паспорт.	(А) несу (Б) ношу
118. Когда я _____ из дома, начался сильный дождь.	(А) отошёл (Б) вышел (В) вошёл

119. Ко мне часто _____ гости.	(А) уходят (Б) проходят (В) приходят
120. Я уже давно мечтаю _____ в новую квартиру.	(А) переехать (Б) проехать (В) отъехать
121. Мне нужно кое-что тебе отдать. Если ты не против, я _____ к тебе на несколько минут.	(А) убегу (Б) забегу (В) перебегу
122. Давай _____ твои детские книги в библиотеку.	(А) отнесём (Б) вынесем (В) донесём
123. Он _____ в командировку на полгода.	(А) переехал (Б) уехал (В) выехал
124. В центре города всегда большие пробки, поэтому обычно я его _____ .	(А) уезжаю (Б) объезжаю (В) отъезжаю
125. _____ к нам летом! Мы покажем вам наш удивительный город!	(А) Уезжайте (Б) Въезжайте (В) Приезжайте
126. В ресторан запрещено _____ свои напитки.	(А) приносить (Б) переносить (В) выносить

127. Когда я _____ к остановке, я вспомнила, что забыла дома телефон.	(А) вошла (Б) дошла (В) подошла
128. За сколько часов можно _____ из Владивостока до Санкт-Петербурга?	(А) прилететь (Б) долететь (В) улететь

ЧАСТЬ 4

Задания 129–165. Выберите один вариант ответа.

129. Саша хочет поехать в Париж, _____ Маша хочет поехать в Лондон.	(А) и (Б) а (В) но
130. Наступила осень, _____ листья на деревьях стали жёлтыми и красными.	(А) и (Б) а (В) но
131. Я много занималась, _____ не смогла сдать экзамен.	(А) или (Б) а (В) но
132. Ты слышишь этот необычный звук? Это птица кричит _____ кто-то плачет?	(А) или (Б) а (В) но
133. Я не могла ответить на твой звонок, _____ была на лекции.	(А) потому что (Б) поэтому

134. Я собираюсь быть дома все выходные, _____ мне нужно готовиться к экзамену.	(А) потому что (Б) поэтому
135. В городе большие пробки, _____ я опоздал.	(А) потому что (Б) поэтому
136. Я с детства мечтал стать врачом, _____ поступил на медицинский факультет.	(А) потому что (Б) поэтому
137. Маша хочет, _____ Саша обратил на неё внимание.	(А) что (Б) чтобы
138. Откуда ты знаешь, _____ Саша нравится Маше?	(А) что (Б) чтобы
139. По радио сообщили, _____ в выходные будут сильные дожди.	(А) что (Б) чтобы
140. Я хочу, _____ у тебя всё было хорошо.	(А) что (Б) чтобы
141. Ты уже решила, _____ ты с нами за город на выходных?	(А) если поедешь (Б) поедешь ли
142. Возьми с собой тёплые вещи, _____ за город.	(А) если поедешь (Б) поедешь ли
143. Привези мне какой-нибудь сувенир, _____ в Берлин.	(А) если поедешь (Б) поедешь ли
144. Я давно хотел тебя спросить, _____ ты к ней, если она тебя пригласит.	(А) если поедешь (Б) поедешь ли

145. Аня вышла замуж за молодого человека, _____ она познакомилась в Сочи два года назад.	(А) с которым (Б) которого (В) который (Г) которому
146. Я очень благодарен профессору, _____ посоветовал мне изменить тему дипломной работы.	(А) с которым (Б) которого (В) который (Г) которому
147. Мы с братом всё ещё не смотрели фильм, _____ все обсуждают.	(А) для которого (Б) которого (В) о котором (Г) который
148. Я ещё не встречал человека, _____ компьютерные игры важнее, чем друзья.	(А) для которого (Б) которого (В) о котором (Г) который
149. Он ещё не узнал, _____ документы нужны для получения визы в Россию.	(А) каким (Б) каких (В) какие (Г) о каких
150. Они действительно не понимают, _____ проблемах ты говоришь.	(А) каким (Б) каких (В) какие (Г) о каких
151. Как ты думаешь, _____ это может быть нужно?	(А) у кого (Б) кого (В) кому (Г) к кому

152. Скажите, пожалуйста, _____ мне нужно обратиться?	(А) у кого (Б) кого (В) кому (Г) к кому
153. Ты никогда не говорил, _____ ты учился играть в музыкальной школе.	(А) чем (Б) на чём (В) чему (Г) чего
154. Скажи мне, _____ ей не хватает для счастливой жизни?	(А) чем (Б) на чём (В) чему (Г) чего
155. _____ добиться успеха в жизни, нужно много работать.	(А) Если (Б) Чтобы (В) Если бы (Г) Так как
156. _____ ты решишь остаться там на ночь, обязательно позвони и скажи мне.	(А) Если (Б) Чтобы (В) Если бы (Г) Так как
157. _____ я увидел Марину, я сразу понял, что это девушка моей мечты.	(А) Когда (Б) Где (В) Если бы (Г) Если
158. _____ я увидел Марину с молодым человеком, я бы не обратил на неё внимания.	(А) Когда (Б) Где (В) Если бы (Г) Если

159. Марина не рассказала мне, _____ она ездила с подругами в выходные.	(А) где (Б) куда (В) как (Г) если
160. Когда я спросил её, _____ она была, она мне не ответила.	(А) где (Б) куда (В) как (Г) если
161. Я не обижаюсь на Марину, _____ она и не ответила на мой прямой вопрос.	(А) хотя (Б) если (В) чтобы (Г) как
162. Честно говоря, я не знаю, _____ сказать Марине, что я хотел бы проводить с ней каждые выходные.	(А) хотя (Б) если (В) чтобы (Г) как
163. Когда я был моложе, я _____ не спать всю ночь.	(А) могу (Б) смогу (В) мог
164. Если бы ты пришёл домой пораньше, _____ посмотреть какой-нибудь фильм перед сном.	(А) мы успели (Б) мы успеем (В) мы бы успели
165. Чем старше человек становится, _____ он ценит время.	(А) то больше (Б) но больше (В) тем больше

Субтест 2. ЧТЕНИЕ

Инструкция к выполнению теста

- **Время выполнения теста — 50 минут.**
- Вы получили задания, инструкции к заданиям и матрицы.
- **Напишите в матрице фамилию, имя, страну и дату.**
- Тест состоит из 3 частей (20 заданий).
- При выполнении теста **можно пользоваться двуязычным словарём.**

Например:

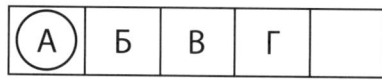

(Вы выбрали вариант А).

Если вы ошиблись и хотите исправить ошибку, сделайте так:

Например:

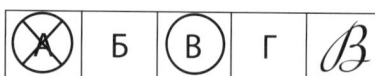

(Ваш выбор — вариант В, вариант А — ошибка).

Отмечайте ваш выбор только в матрице, в тесте ничего не пишите! Проверяться будет только матрица.

Задания 1–6. Прочитайте текст 1, фрагмент статьи о музее Эрарта. Выполните задания после него. Выберите один вариант ответа.

ТЕКСТ 1

Музей современного искусства Эрарта

В Петербурге находится крупнейший частный музей современного искусства в России — Эрарта. Название музея состоит из двух слов — «era» и «arta», что означает «время искусства». Цель музея — собирать, выставлять и популяризировать наиболее оригинальные произведения, созданные российскими художниками во второй половине 20-го и в начале 21-го века.

Музей открылся 30 сентября 2010 года, за это время стал очень популярным и вошёл в десятку лучших музеев России (по мнению туристического портала TripAdvisor). Он стал первым российским музеем современного искусства, представленным на Google Art Project. Музей Эрарта является одним из самых популярных музеев в России: около 250 000 посетителей в год и более 310 000 подписчиков в социальных сетях.

В пятиэтажном здании музея в Петербурге одна его часть отведена под постоянную экспозицию. В ней представлено 2800 работ художников со всех регионов страны! В двух других частях музея находятся временные экспозиции, где ежегодно проходит более 50 выставок живописи, скульптуры, фотографии, моды, дизайна, архитектуры и видеоарта. В Эрарте постоянно проходят спектакли, концерты, кинопоказы, лекции, а также творческие вечера с известными деятелями искусства, моды и дизайна.

В 2014 году Эрарта выпустила образовательный мультфильм об искусстве «Чёрный квадрат», в котором всемирно известные произведения искусства становятся активными участниками современной жизни. Менее чем за полгода сериал собрал четыре миллиона просмотров на YouTube.

В музее предлагаются разнообразные экскурсионные программы — общие и тематические, для знатоков искусства и для новичков, философские и с интерактивными элементами для близкого знакомства с миром современного искусства: например, ночная экскурсия с фонариками, музейный квест, мастер-классы или арт-аукцион. Музей Эрарта ориентирован на самую широкую аудиторию и стремится дать зрителю возможность открыть для себя современное искусство и найти в нём то, что ему интересно и близко.

(По материалам сайта музея современного искусства «Эрарта». — URL: https://www.erarta.com

1. Эрарта — это _____ .

(А) место для организации временных выставок современного искусства

(Б) концертный зал для культурных мероприятий

(В) музей и пространство для выставок и различных мероприятий

2. В Эрарте представлены работы современных художников ___ .

(А) из России

(Б) разных стран

(В) из Петербурга

3. В постоянной экспозиции музея находится _____ .

(А) 2800 произведений искусства

(Б) 300 произведений искусства

(В) 50 произведений искусства

4. У музея Эрарта _____ .

(А) есть страницы в социальных сетях

(Б) нет страниц в социальных сетях

(В) скоро будет страница в социальных сетях

5. В 2014 году Эрарта выпустила мультфильм «Чёрный квадрат», в котором _____ .

(А) рассказывается о коллекции музея Эрарта

(Б) идёт речь о неизвестных произведениях искусства

(В) героями сюжета стали известные произведения искусства

6. Экскурсии в Эрарте адресованы _____ .

(А) специалистам по искусству

(Б) всем посетителям музея

(В) философам, которые не спят по ночам

Задания 7–16. Прочитайте текст 2, фрагмент из интервью с основателем социальной сети «ВКонтакте» Павлом Дуровым. Выполните задания после него. Выберите один вариант ответа.

ТЕКСТ 2

Известно, что Павел Дуров редко даёт интервью. Однако он с удовольствием ответил на вопросы пользователей социальной сети для интернет-журнала «Вкурсе».

Павел Дуров — программист, один из основателей крупнейшей русскоязычной социальной сети «ВКонтакте» и её директор с 2006 по 2014 год, основатель мессенджера «Телеграм», миллионер.

— **Кто ваши родители?**

— Мой отец — профессор, доктор филологических наук, автор научных книг, а мать сейчас домохозяйка, хотя имеет два высших образования. Я многим обязан своим родителям: они подавали пример оптимизма и трудолюбия даже в тяжёлые для нашей семьи времена.

— **Ваш брат — один из создателей «ВКонтакте»? Какие у вас с ним отношения?**

— У нас всегда были отличные отношения благодаря тому, что у Николая идеальный характер. Мой старший брат — гениальный математик и программист. Ещё в школе он был вундеркиндом, побеждал во всех мировых олимпиадах по математике и информатике. Будучи студентом, он сделал невозможное: максимальное количество раз подряд выиграл в общемировом чемпионате по программированию. Он был техническим директором «ВКонтакте», решал огромное количество самых серьёзных задач — от создания сверхбыстрого поиска до проектирования сети на десятках тысяч серверов. Сейчас мы вместе работаем над мессенджером «Телеграм». Николай скромный человек, не любит, когда на него обращают много внимания, поэтому он не выступает публично и не делится информацией о себе в Интернете.

— **Какой была ваша первая зарплата?**

— Так получилось, что я никогда нигде не работал на постоянной основе. Когда я был студентом, я брал сдельную плату за завершённые проекты: создание сайтов, написание статей, организацию мероприятий. Затем появился в «ВКонтакте», и зарплата уже не имела значения, так как я занимался тем, что люблю. Я до сих пор не воспринимаю свою деятельность в «ВКонтакте» и «Телеграм» как работу, это слишком интересное занятие, чтобы его так называть.

— **Почему, окончив филологический факультет, вы выбрали делом жизни программирование?**

— Дело своей жизни я бы охарактеризовал шире: помощь людям и совершенствование мира вокруг нас. Программирование стало областью, в которой я вначале имел возможность помочь окружающим людям больше всего, поэтому я стал заниматься им самостоятельно.

(По материалам социальной сети VK.com. — URL: https://vk.com/page-54420262_44581309)

7. Этому тексту соответствует название _____ .

(А) «История создания мессенджера "Телеграм"»

(Б) «Как стать программистом»

(В) «Несколько интересных фактов о создателе "ВКонтакте"»

8. Отец Павла Дурова _____ .

(А) учёный

(Б) врач

(В) писатель

9. Павел Дуров очень обязан своим родителям, потому что в тяжёлые для их семьи времена родители _____ .

(А) требовали, чтобы Павел много работал и верил только в хорошее

(Б) много работали и верили только в хорошее

(В) рассказывали Павлу о людях, которые много работают

10. У Павла Дурова всегда были отличные отношения с братом, потому что у Николая _____ .

(А) очень плохой характер

(Б) очень хороший характер

(В) невозможный характер

11. Когда старший брат был студентом, _____ первое место во всемирном чемпионате по программированию.

(А) он не смог занять

(Б) однажды он занял

(В) он много раз занимал

12. В настоящий момент _____ .

(А) оба брата работают в социальной сети «ВКонтакте»

(Б) братья работают над мессенджером «Телеграм»

(В) Николай работает в «ВКонтакте», а Павел — в «Телеграм»

13. Павел Дуров начал работать, когда _____ .

(А) был студентом университета

(Б) окончил университет

(В) появилась социальная сеть «ВКонтакте»

14. Свою деятельность в «ВКонтакте» и «Телеграм» Павел Дуров не считает работой, потому что _____ .

(А) не любит работать

(Б) зарплата не имеет для него значения

(В) он занимается тем, что любит

15. Павел Дуров решил заниматься программированием, так как _____ .

(А) изучал его на филологическом факультете

(Б) думал, что с его помощью можно сделать жизнь людей лучше

(В) все люди вокруг занимались им

16. Дело всей жизни для Павла Дурова — _____ .

(А) программирование

(Б) улучшение мира и помощь окружающим

(В) семья и деньги

Задания 17–20. Прочитайте текст 3, фрагмент статьи о музыканте из московского проекта «Музыка в метро». Выполните задания после него. Выберите один вариант ответа.

ТЕКСТ 3

Мы продолжаем рассказывать о музыкантах из проекта «Музыка в метро». Теперь про свои заработки и отношения с пассажирами рассказывает скрипач Владимир Семибратов.

«Я уже больше 10 лет уличный музыкант, выступал на разных площадках — иногда получал официальное разрешение, иногда сам по себе. Однажды играл в −27 °C в переходе метро семь часов: скрипка переставала играть даже от моего дыхания, ноты редко были на своём месте.

Я начал играть в метро, чтобы заработать денег, но это не та деятельность, где можно развиваться из-за денег. Если играть только популярные композиции, то через неделю можно сойти с ума. Если очень-очень стараться, можно заработать тысячи три за два часа.

Я стараюсь играть те песни, которые вообще на скрипке сложно сыграть. Например, легендарную Show Must Go On группы Queen, — это очень эмоциональное и сложное в исполнении произведение. Вообще, уличному музыканту намного сложнее удержать публику, чем на концерте. Даже внешний вид влияет на восприятие. Конечно, можно выйти в шортах и в тапках — видел такое однажды, — но сам не одевался так ни разу.

Когда я выступаю в метро, мне иногда дарят мои портреты, шоколадки, билеты в театр, цветы. А одна очень творческая пожилая женщина подарила скрипку. Всё это очень приятно. К повышенному вниманию я отношусь спокойно. Бывает, что меня просят сыграть «Мурку» (популярная в тюрьмах песня), я очень редко выполняю такие просьбы, но когда мало денег, приходится играть «Мурку».

Публика моя — люди от 2 до 90 лет. С детьми вообще бывают очень комичные ситуации. Буквально вчера ребёнок лет трёх остановился и начал просто танцевать. И ничто его не могло остановить: ему одному играют, и он тут звезда. Выступил он прекрасно, лучше меня. Бывает, но редко, что дети плачут и не хотят уходить. Это очень лестно для меня, но немного неловко — родители требуют, а ребёнок совсем не хочет уходить. Было такое, что малыш стоял часа два, слушал, родителям надо идти, они его зовут, а он плачет. Ну, я пробую в такие моменты или паузу сделать, или поменять композицию. Была тоже девочка лет десяти — балерина. Она победительница многих конкурсов, замечательно танцует. Я играл на «Боровицкой» (станция метро в Москве), и она начала танцевать со мной — ну захотелось ей! И вот так пять произведений подряд танцевала. Это было прекрасно.

Департаменту транспорта и руководству метрополитена я очень благодарен за проект «Музыка в метро». Поверьте, невероятно приятно, что музыкант легален и уважаем, и что есть люди, которые помогают решать спорные ситуации.

В действительности это тот самый случай, когда чиновники не мешают, а, наоборот, помогают и защищают. С проектом «Музыка в метро» ушло волнение, что вот сейчас к тебе кто-нибудь подойдёт и скажет: «Иди отсюда!». Иногда я прихожу на площадку, чтобы выговориться каким-то своим образом, при помощи музыки.

И здорово, что никто не закрывает мне рот.

Я считаю, что просто так человек не может прийти к искусству — нужен импульс, пример. Если ребёнок будет идти и увидит какое-нибудь классное выступление на улице, то есть шанс, что он заинтересуется этим. Я хотел бы, чтобы в городе было как можно больше доступных мест для знакомства с культурой. Например, в метро можно было бы повесить картины художников. Ведь чтобы сделать выставку, нужны большие деньги, а откуда начинающему художнику их взять?»

(По материалам статьи Ксении Барановой «Чем живут и сколько зарабатывают музыканты в метро»// Афиша Daily, 13.09.2017. —
— URL: https://daily.afisha.ru/cities/6711-chem-zhivut-i-skolko-zarabatyvayut-muzykanty-v-metro/).

17. Этому тексту соответствует название _____ .

(А) «Московское метро»

(Б) «История уличного музыканта»

(В) «Музыка для избранных»

18. В метро музыку Владимира Семибратова слушают _____ .

(А) дети

(Б) пожилые люди

(В) люди всех возрастов

19. Организатором проекта «Музыка в метро» были _____ .

(А) Департамент транспорта и руководство метро

(Б) пассажиры метро

(В) музыканты и художники

20. Владимир Семибратов считает, что человек будет интересоваться искусством, если _____ .

(А) у него будут большие деньги

(Б) в метро будут висеть картины

(В) он будет чаще встречаться с искусством

Субтест 3. АУДИРОВАНИЕ

Инструкция к выполнению теста

- **Время выполнения теста — 35 минут.**
- Вы получили задания, инструкции к заданиям и матрицы.
- **Напишите в матрице фамилию, имя, страну и дату.**
- Тест состоит из 6 текстов (30 заданий).
- При выполнении теста **пользоваться словарём нельзя**.
- Слушайте аудиотексты. **Все аудиотексты звучат один раз**.
- В заданиях нужно выбрать вариант ответа и отметить его в матрице.

Например:

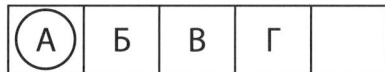

(Вы выбрали вариант А).

Если вы ошиблись и хотите исправить ошибку, сделайте так:

Например:

(Ваш выбор — вариант В, вариант А — ошибка).

Отмечайте ваш выбор только в матрице, в тесте ничего не пишите! Проверяться будет только матрица.

Задания 1–5. Прослушайте текст 1, рассказ девочки о своём письме, и выполните задания к нему. Время выполнения заданий — до 5 минут. Выберите один вариант ответа.

Слушайте текст 1

1. Виктория написала письмо _____ .

(А) королеве

(Б) друзьям

(В) художнику

2. Виктория живёт в _____ .

(А) Лондоне

(Б) Новосибирске

(В) Эдинбурге

3. Виктория отправила поздравление с

(А) Новым годом

(Б) днём рождения

(В) Рождеством

4. Когда Виктория получила ответ, она _____ .

(А) загрустила

(Б) обрадовалась

(В) удивилась

5. Виктория хочет поехать в Великобританию _____ .

(А) путешествовать

(Б) работать

(В) учиться

Задания 6–10. Прослушайте текст 2, фрагмент автобиографии русского гроссмейстера Сергея Карякина. Выполните задания к тексту. Время выполнения заданий — до 5 минут. Выберите один вариант ответа.

Слушайте текст 2

6. Сергей Карякин стал гроссмейстером в _____ .

(А) 27 лет

(Б) 12 лет

(В) 5 лет

7. Сергей вырос в _____ семье.

(А) богатой

(Б) небогатой

(В) большой

8. Сергей решил стать шахматистом, потому что так _____ .

(А) хотели его родители

(Б) посоветовали друзья

(В) хотел он сам

9. Сергей считает, что _____ .

(А) он талантливее многих шахматистов

(Б) он один из многих талантливых шахматистов

(В) у него нет особенного таланта в шахматах

10. В детстве у Сергея _____ .

(А) было мало свободного времени

(Б) было много свободного времени

(В) не было желания играть во дворе

Задания 11–15. Прослушайте текст 3, фрагмент из интервью с олимпийской чемпионкой Юлией Липницкой. Выполните задания к нему. Время выполнения заданий — до 10 минут. Выберите один вариант ответа.

Слушайте текст 3

11. Этому тексту можно дать название _____ .

(А) «Самая молодая олимпийская чемпионка»

(Б) «Проблемы профессионального спорта»

(В) «Юлия Липницкая уходит из спорта! Почему?»

12. Юлия решила уйти из спорта, потому что _____ .

(А) уже заняла первое место

(Б) сильно заболела

(В) перестала интересоваться спортом

13. Больше всего Юлия боялась _____ .

(А) безработицы

(Б) неизвестности

(В) проблем с мамой

14. Юлия очень жалеет о том, что она _____ .

(А) закончила спортивную карьеру

(Б) не добилась в спорте всего, чего хотела

(В) не стала олимпийской чемпионкой

15. Сегодня Юлия _____ .

(А) по-прежнему мечтает выйти на лёд

(Б) больше не хочет кататься

(В) планирует заняться тренерской работой

Задания 16–20. Прослушайте текст 4, диалог мужа и жены о поездке к друзьям. Выполните задания к нему. Время выполнения заданий — до 5 минут. Выберите один вариант ответа.

Слушайте текст 4

16. Друзья пригласили мужа и жену _____ .

   (А) в ресторан

   (Б) к себе на дачу

   (В) в другой город

17. Муж _____ .

   (А) отказывается ехать

   (Б) с удовольствием соглашается

   (В) предлагает другой вариант отдыха

18. Жена предлагает поехать на _____ .

   (А) автобусе

   (Б) машине

   (В) электричке

19. Ивановы — это друзья _____ .

   (А) мужа

   (Б) жены

   (В) детей

20. В результате жена решила _____ .

   (А) поехать одна

   (Б) остаться дома

   (В) пригласить друзей в гости

Задания 21–25. Прослушайте текст 5, диалог Бориса и Марины на улице. Выполните задания к нему. Время выполнения заданий — до 5 минут. Выберите один вариант ответа.

Слушайте текст 5

21. Борис хочет _____ .

(А) узнать, где находится библиотека

(Б) познакомиться с девушкой

(В) найти книжный магазин

22. Марина предпочитает покупать книги, потому что _____ .

(А) у неё много денег

(Б) ей не нравятся новые книги

(В) она не любит библиотеки

23. Борис не любит покупать много, потому что он _____ .

(А) мало зарабатывает

(Б) хочет экономить

(В) много путешествует

24. Марина работает _____ .

(А) библиотекарем

(Б) тренером

(В) преподавателем

25. Борис ездил в Бразилию, чтобы _____ .

(А) увидеть бразильский карнавал

(Б) написать статьи об этой стране

(В) попробовать бразильский кофе

Задания 26-30. Прослушайте текст 6, диалог отца с дочерью. Выполните задания к нему. Время выполнения заданий — до 5 минут. Выберите один вариант ответа.

Слушайте текст 6

26. Отец и дочь разговаривают _____ .

(А) утром

(Б) днём

(В) вечером

27. Дочь учится _____ .

(А) в университете

(Б) в школе

(В) на курсах

28. Отец хочет, чтобы дочь _____ .

(А) больше училась

(Б) приходила домой раньше

(В) не общалась с друзьями

29. Мать не участвует в разговоре, потому что _____ .

(А) она сейчас в кино

(Б) думает, что всё хорошо

(В) считает, что разговор не поможет

30. В результате отец и дочь _____ .

(А) решили поговорить завтра

(Б) остались при своём мнении

(В) нашли компромиссное решение

Субтест 4. ПИСЬМО

Инструкция по выполнению теста

- **Время выполнения теста — 60 минут.**
- Вы получили задания, инструкции к заданиям и рабочие листы.
- **Напишите на рабочем листе фамилию, имя, страну и дату.**
- Тест состоит из 2 заданий.
- При выполнении теста **можно пользоваться двуязычным словарём.**

Задание 1. Ваши друзья изучают иностранные языки, но некоторые из них не знают, как начать говорить. Прочитайте статью «Как начать говорить на иностранном языке» и напишите в вашем блоге об этом. Используйте этот план:

— что такое языковой барьер;

— опишите причины языкового барьера;

— какие способы решения проблемы вас заинтересовали;

— с какими способами вы не согласны;

— какие способы начать говорить на иностранном языком есть у вас.

КАК НАЧАТЬ ГОВОРИТЬ НА ИНОСТРАННОМ ЯЗЫКЕ

Есть люди, которые свободно читают, смотрят фильмы и сериалы на языке оригинала, но очень боятся начать говорить. У них есть языковой барьер. Почему возникает языковой барьер и как с ним бороться, рассказала специалист международного сервиса для поиска репетиторов Preply Юлия Боюн.

К сожалению, почти каждый, кто изучает иностранный язык, встречается с трудностями в разговоре, особенно в начале обучения. Существует несколько причин, но все они — психологические.

Во-первых, человек боится сделать ошибку. С самого детства нам говорят, что ошибаться — плохо. Позже, во взрослом возрасте, люди боятся сказать что-то неправильно, и предпочитают на многие вопросы просто отвечать «да» и «нет», чтобы не показаться глупыми или смешными.

Во-вторых, многие люди стесняются своего произношения. Но если не разговаривать, произношение останется плохим. Получается замкнутый круг: «Я не говорю, потому что у меня плохое произношение, — у меня плохое произношение, потому что я не говорю». А некоторые люди боятся, что не поймут собеседника, поэтому предпочитают совсем не начинать разговор.

Однако нужно начинать говорить. Что же делать?

Очень важно не бояться ошибаться. Все мы с пониманием относимся к иностранцам, которые говорят на нашем родном языке с ошибками, уважаем их желание выучить наш язык. То же можно сказать о носителях любого языка. Вас поймут, если вы перепутаете падеж или вид глагола, и не станут относиться хуже. Продолжайте изучать грамматику, но не бойтесь в разговорной речи допускать ошибки: от обычной беседы не зависит жизнь человека, так что ничего страшного в ошибках нет.

Нужно начинать говорить как можно раньше, используя простые фразы. Не нужно использовать длинные фразы, особенно если вы ещё не уверены в себе. Официант прекрасно поймёт «Кофе, пожалуйста» вместо длинного «Будьте добры, принесите кофе, пожалуйста». Главное — быть вежливым и спокойным.

Очень важно увеличивать словарный запас. Смотрите фильмы и сериалы на языке оригинала, слушайте всю фразу — ситуация поможет вам понять незнакомые слова. Герои часто используют фразы, которые могут быть вам полезны.

Не бойтесь переспрашивать. Человек, который разговаривает с вами, с пониманием отнесётся к такой просьбе. Если вам что-то непонятно, попросите сказать медленнее или сказать более простым языком. Я не думаю, что кто-нибудь откажет. Если собеседник не понял вашу фразу, её тоже можно повторить или сказать по-другому.

И последний совет: говорите при каждом удобном случае. Найдите себе собеседника в интернете или в языковом клубе и постоянно тренируйтесь. Со временем вы даже забудете, что когда-то это было для вас проблемой.

(По материалам интернет-журнала «Мел» Максим Сундалов «Как преодолеть языковой барьер в английском»//Мел. — URL: https://new.mel.fm/blog/maksim-sundalov/92864-kak-preodolet-yazykovoy-baryer-v-anglyskom (дата обращения 29.10.2018).

Задание 2. Вчера вы получили письмо от русского друга, с которым вы давно не общались. Напишите ему письмо и расскажите, как прошёл ваш год.

Используйте следующие вопросы:

— Как ваша учёба (работа)? Что произошло, что изменилось за последний год в учёбе (на работе)?

— Как живёт ваша семья? Что у них нового?

— Как дела у ваших общих друзей? Какие события произошли в их жизни? Появились ли у них новые друзья? Кто они?

— Где и когда вы были на каникулах (в отпуске)? Почему вы решили туда поехать? Понравилось ли вам путешествие?

— Какие у вас планы на будущее?

— И, конечно, поинтересуйтесь жизнью вашего друга.

В вашем письме должно быть не менее 20 предложений.

Субтест 5. ГОВОРЕНИЕ

Инструкция к выполнению теста

- **Время выполнения теста — 60 минут.**
- Вы получили задания, инструкции к заданиям и рабочий лист.
- Тест состоит из 4 заданий.
- При выполнении **заданий 1 и 2 пользоваться словарём нельзя.**
- При подготовке **задания 3 и 4 можно пользоваться двуязычным словарём.**
- Во время вашего ответа идёт видеозапись.

Инструкция по выполнению задания 1 (позиции 1–5)

- **Время выполнения задания – до 5 минут.**
- Задание выполняется без предварительной подготовки. Вопросы и описания ситуаций предъявляются тестором.
- Вам нужно принять участие в диалогах. Вы слушаете реплику тестора и даёте ответную реплику. Если вы не успеете дать ответ, не задерживайтесь, слушайте следующую реплику.
- Помните, что вы должны дать полный ответ (ответы «да», «нет», «не знаю» не являются полными).

Задание 1 (позиции 1–5). Примите участие в диалоге. Ответьте на реплики собеседника.

1. – Сколько времени вы изучаете русский язык?
   – _____

2. – Почему вы изучаете русский язык?

– _____

3. – Когда у вас день рождения?

– _____

4. – Какое у вас любимое время года? Почему?

– _____

5. – Где вы обычно отдыхаете летом? Почему?

– _____

Инструкция по выполнению задания 2
(позиции 6–10)

- **Время выполнения задания — до 10 минут.**

- Задание выполняется без предварительной подготовки. Вам нужно принять участие в 5 диалогах.

- Вы знакомитесь с ситуацией и после этого начинаете диалог, чтобы решить поставленную задачу. Если одна из ситуаций покажется вам трудной, переходите к следующей ситуации.

Задание 2 (позиции 6–10). Познакомьтесь с описанием ситуации. Примите участие в диалогах.

6. Ваш друг пригласил вас в кино, но вы не можете пойти. Позвоните ему и объясните почему.

– _____

7. У вас сломался мобильный телефон. Вы пришли в сервисный центр. Поговорите с мастером.

– _____

8. – Вы пришли к врачу. Объясните, что случилось, почему вы пришли.

– _____

9. Вы на улице и не знаете, где ближайший супермаркет. Спросите прохожего.

– _____

10. Вы решили переехать жить в другой город/страну. Сообщите другу/подруге о своём решении. Объясните, почему вы решили переехать.

– _____

Инструкция по выполнению задания 3

- **Время выполнения задания — до 25 минут** (подготовка — 15 минут, ответ — до 10 минут). При подготовке задания можно пользоваться двуязычным словарём.

Задание 3 Ваш знакомый мальчик или девочка чувствует себя несчастным/ой, так как родители не разрешают заводить домашних животных. Прочитайте этот текст и расскажите, какие ещё бывают ситуации у других детей.

БЕЗ ПИТОМЦЕВ ДОМ — НЕ ДОМ

Я очень люблю животных. Ещё в раннем детстве я мечтала о домашнем животном.

До пяти лет я жила у бабушки, потому что мои родители очень много работали и не могли мною заниматься. Во дворе дома, где жили мы с бабушкой, часто гуляли кошки. Это были бездомные кошки, и у них были котята. Бабушка не разрешала мне играть с ними, она го-

ворила, что эти кошки могут быть больными. Но я не верила ей. «Как же они могут быть больными, если они такие милые и красивые?!» — думала я. Я дала им имена и играла с ними, когда бабушка не видела.

Потом родители забрали меня к себе в город. Там ни дома, ни во дворе ни кошек, ни собак не было. Мама старалась помочь мне привыкнуть к новому месту и покупала много игрушек.

Однажды отец решил сделать мне сюрприз: он вдруг достал из шкафа клетку с хомяком. Хотя я тогда ещё не знала, кто это такой, всё равно я прыгала до потолка от радости. Но маме хомяк не нравился, потому что он шумел по ночам. В общем, хомяка отдали знакомым.

Через год мы с отцом принесли домой черепаху. Я играла с ней, кормила. Потом я уехала на каникулы к бабушке, а когда вернулась домой, я узнала, что мама с отцом опять подарили черепаху знакомым. Опять? Почему?

Потом мама с папой расстались, и мы с мамой переехали в новый дом. Я стала просить кота, и отец подарил мне кота на день рождения. Мама была недовольна, но согласилась терпеть. А через несколько месяцев, пока нас не было дома, кот зашёл в её комнату, прыгнул на стол и уронил вазу с цветами. Мама молча взяла его и увезла куда-то. Я плакала несколько дней. Я не могла понять, почему мама так поступила. Как она может оставаться спокойной, когда я так страдаю без своего питомца?

То же самое произошло с собакой, которая у нас появилась через несколько лет. Она прожила у нас год. Но когда я вернулась из путешествия, в котором мы были с папой, мама опять сообщила, что собаку отдали. Мне тогда было 16, и я старалась не плакать. И не стала спорить с ней.

Прошло уже много лет. Я стала ветеринаром и обожаю свою профессию. Честно говоря, я стараюсь не обижаться на маму — она много для меня сделала, помогала в учёбе, много работала, чтобы я училась за границей и путешествовала. Но до сих пор мне не удаётся забыть все эти неприятные моменты.

(По материалам сайта story-house.ru «Мы в ответе за братьев наших меньших» // Сайт «Истории из реальной жизни». — URL: http://story-house.ru/my-v-otvete-za-bratev-nashix-menshix/ (дата обращения 29.10.2018).

Инструкция по выполнению задания 4

- **Время выполнения задания — до 20 минут** (подготовка — 10 минут, ответ — 10 минут).
- Вы должны подготовить сообщение на предложенную тему.
- Вы можете составить план сообщения, но не должны читать своё сообщение.

Задание 4 Подготовьте сообщение на тему **«Спорт в моей жизни»**. Следующие вопросы помогут вам подготовить рассказ:

- Занимаетесь ли вы спортом? Каким?
- Если да, то как долго вы занимаетесь этим видом спорта?
- Были ли у вас в школе уроки физкультуры и как часто?
- Посещаете ли вы какие-нибудь спортивные мероприятия?
- Смотрите ли вы спортивные программы?
- Любят ли спорт члены вашей семьи?
- Как вы думаете, нужно ли заниматься спортом? Почему?

В вашем рассказе должно быть не менее 20 предложений.

2부 정답

Контрольные матрицы

ЛЕКСИКА. ГРАММАТИКА

어휘, 문법 영역 정답

МАКСИМАЛЬНОЕ КОЛИЧЕСТВО БАЛЛОВ — 165.

		ЧАСТЬ 1		
1	А	**Б**	В	1
2	**А**	Б	В	1
3	А	**Б**	В	1
4	А	**Б**	В	1
5	**А**	Б	В	1
6	А	Б	**В**	1
7	А	Б	**В**	1
8	**А**	Б	В	1
9	**А**	Б	В	1
10	А	Б	**В**	1
11	**А**	Б	В	1
12	**А**	Б	В	1
13	А	**Б**	В	1
14	А	Б	**В**	1
15	**А**	Б	В	1
16	А	**Б**	В	1
17	А	**Б**	В	1

18	**А**	Б	В		1
19	А	**Б**	В		1
20	А	**Б**	В		1
21	А	Б	**В**		1
22	А	**Б**	В		1
23	А	Б	**В**		1
24	А	Б	**В**		1
25	А	**Б**	В		1
		ЧАСТЬ 2			
26	А	**Б**	В		1
27	А	Б	**В**		1
28	**А**	Б	В		1
29	А	**Б**	В		1
30	А	Б	**В**		1
31	А	**Б**	В		1
32	А	**Б**	В	Г	1
33	А	Б	**В**	Г	1
34	**А**	Б	В	Г	1

№						№					
35	А	Б	**В**	Г	1	59	А	**Б**	В	Г	1
36	**А**	Б	В	Г	1	60	А	Б	В	**Г**	1
37	А	**Б**	В	Г	1	61	А	**Б**	В	Г	1
38	А	**Б**	В	Г	1	62	А	Б	**В**	Г	1
39	А	Б	**В**	Г	1	63	А	**Б**	В	Г	1
40	А	Б	**В**	Г	1	64	А	Б	В	**Г**	1
41	**А**	Б	В	Г	1	65	**А**	Б	В	Г	1
42	А	Б	**В**	Г	1	66	А	**Б**	В	Г	1
43	**А**	Б	В	Г	1	67	**А**	Б	В	Г	1
44	А	Б	**В**	Г	1	68	А	Б	**В**		1
45	А	Б	В	**Г**	1	69	**А**	Б	В		1
46	А	**Б**	В		1	70	**А**	Б	В	Г	1
47	**А**	Б	В		1	71	А	Б	В	**Г**	1
48	**А**	Б	В		1	72	А	**Б**	В	Г	1
49	А	**Б**	В		1	73	А	Б	**В**	Г	1
50	А	Б	**В**	Г	1	74	А	Б	**В**		1
51	А	**Б**	В	Г	1	75	А	**Б**	В		1
52	**А**	Б	В		1	76	**А**	Б	В	Г	1
53	А	Б	**В**		1	77	А	**Б**	В	Г	1
54	А	Б	**В**	Г	1			ЧАСТЬ 3			
55	А	**Б**	В	Г	1	78	А	**Б**	В		1
56	**А**	Б	В	Г	1	79	А	Б	**В**		1
57	А	**Б**	В	Г	1	80	А	**Б**	В		1
58	А	Б	В	**Г**	1	81	**А**	Б	В		1

#	A	Б	В		#	A	Б	В	
82	A	**Б**	В	1	106	A	**Б**		1
83	A	**Б**	В	1	107	**A**	Б		1
84	A	**Б**	В	1	108	**A**	Б		1
85	**A**	Б		1	109	A	**Б**		1
86	A	**Б**		1	110	A	**Б**		1
87	**A**	Б		1	111	**A**	Б		1
88	**A**	Б		1	112	A	**Б**		1
89	A	**Б**		1	113	A	**Б**		1
90	**A**	Б		1	114	**A**	Б		1
91	A	**Б**		1	115	A	**Б**		1
92	**A**	Б		1	116	**A**	Б		1
93	A	**Б**		1	117	A	**Б**		1
94	**A**	Б		1	118	A	**Б**	В	1
95	A	**Б**		1	119	A	Б	**В**	1
96	**A**	Б		1	120	**A**	Б	В	1
97	A	**Б**		1	121	A	**Б**	В	1
98	**A**	Б		1	122	**A**	Б	В	1
99	A	**Б**		1	123	A	**Б**	В	1
100	A	**Б**		1	124	A	**Б**	В	1
101	A	**Б**		1	125	A	Б	**В**	1
102	**A**	Б		1	126	**A**	Б	В	1
103	**A**	Б		1	127	A	Б	**В**	1
104	A	**Б**		1	128	A	**Б**	В	1
105	**A**	Б		1					

	ЧАСТЬ 4				
129	А	**Б**	В		1
130	**А**	Б	В		1
131	А	Б	**В**		1
132	**А**	Б	В		1
133	**А**	Б			1
134	**А**	Б			1
135	А	**Б**			1
136	А	**Б**			1
137	А	**Б**			1
138	**А**	Б			1
139	**А**	Б			1
140	А	**Б**			1
141	А	**Б**			1
142	**А**	Б			1
143	**А**	Б			1
144	А	**Б**			1
145	**А**	Б	В	Г	1
146	А	Б	**В**	Г	1
147	А	Б	В	**Г**	1
148	**А**	Б	В	Г	1
149	А	Б	**В**	Г	1
150	А	Б	В	**Г**	1
151	А	Б	**В**	Г	1

152	А	Б	В	**Г**	1
153	А	**Б**	В	Г	1
154	А	Б	В	**Г**	1
155	А	**Б**	В	Г	1
156	**А**	Б	В	Г	1
157	**А**	Б	В	Г	1
158	А	Б	**В**	Г	1
159	А	**Б**	В	Г	1
160	**А**	Б	В	Г	1
161	**А**	Б	В	Г	1
162	А	Б	В	**Г**	1
163	А	Б	**В**	Г	1
164	А	Б	**В**	Г	1
165	А	Б	**В**	Г	1

ЧТЕНИЕ
읽기 영역 정답

МАКСИМАЛЬНОЕ КОЛИЧЕСТВО БАЛЛОВ — 140.

1	А	Б	**В**	7
2	**А**	Б	В	7
3	**А**	Б	В	7
4	**А**	Б	В	7
5	А	Б	**В**	7
6	А	**Б**	В	7
7	А	Б	**В**	7
8	**А**	Б	В	7
9	А	**Б**	В	7
10	А	**Б**	В	7
11	А	Б	**В**	7
12	А	**Б**	В	7
13	**А**	Б	В	7
14	А	Б	**В**	7
15	А	**Б**	В	7
16	А	**Б**	В	7
17	А	**Б**	В	7
18	А	Б	**В**	7

19	**А**	Б	В	7
20	А	Б	**В**	7

АУДИРОВАНИЕ

듣기 영역 정답

МАКСИМАЛЬНОЕ КОЛИЧЕСТВО БАЛЛОВ ЗА ТЕСТ – 120

№	А	Б	В	4	№	А	Б	В	4
1	**А**	Б	В	4	16	А	**Б**	В	4
2	А	**Б**	В	4	17	**А**	Б	В	4
3	А	**Б**	В	4	18	А	Б	**В**	4
4	А	Б	**В**	4	19	А	**Б**	В	4
5	А	Б	**В**	4	20	**А**	Б	В	4
6	А	**Б**	В	4	21	**А**	Б	В	4
7	А	**Б**	В	4	22	А	Б	**В**	4
8	А	Б	**В**	4	23	А	Б	**В**	4
9	А	**Б**	В	4	24	А	**Б**	В	4
10	**А**	Б	В	4	25	А	**Б**	В	4
11	А	Б	**В**	4	26	А	Б	**В**	4
12	А	**Б**	В	4	27	**А**	Б	В	4
13	А	**Б**	В	4	28	**А**	Б	В	4
14	А	**Б**	В	4	29	А	Б	**В**	4
15	А	**Б**	В	4	30	А	**Б**	В	4

녹음 원문

Задания 1–5. Прослушайте текст 1, рассказ девочки о своём письме, и выполните задания к нему. Время выполнения заданий — до 5 минут. Выберите один вариант ответа.

Текст 1

Школьница из Новосибирска Виктория Калоерова в апреле этого года поздравила королеву Великобритании Елизавету Вторую с днём рождения, а через четыре месяца получила ответ. Виктория рассказывает:

«Я узнала о том, что королева Елизавета принимает письма и лично отвечает на них в интернете. Меня это заинтересовало. Думаю, английский потренирую, и вдруг мне королева ответит. Я купила обычную открытку, сама подписала её и ещё захотела сделать королеве какой-нибудь подарок. Я нарисовала ей рисунок, на котором сама королева стоит на мосту на фоне колеса обозрения в Лондоне. Рисовала я два дня, так как очень хотела получить ответ, хотя сильно на это не рассчитывала.

На днях я возвращалась домой и по привычке посмотрела в почтовый ящик. В нём лежал конверт! У меня был шок! Я так удивилась! Я быстро начала искать в сумке ключ от почтового ящика, открыла его. Подумала: «Вот это да! Ничего себе! Письмо из Букингемского дворца пришло мне сюда, в Новосибирск!». Я прибежала домой, сразу рассказала маме, потом всем друзьям, бабушке.

В конверте лежало письмо. Королева написала мне, что ей понравился рисунок и поздравления. Она похвалила меня за знание английского и интерес к Великобритании. А ещё в письме была фотография королевы с принцем Филиппом, герцогом Эдинбургским.

Я изучаю английский язык со второго класса. Дома я читаю книжки на английском, перевожу статьи, слежу за жизнью звёзд в интернете на иностранных сайтах, смотрю сериалы. Когда-нибудь я хочу поехать учиться в Великобританию».

Задания 6–10. Прослушайте текст 2, фрагмент автобиографии русского гроссмейстера Сергея Карякина. Выполните задания к тексту. Время выполнения заданий — до 5 минут. Выберите один вариант ответа.

Текст 2

«Мне 27 лет. Я узнал, что такое шахматы, в 5 лет, а с 7 уже понимал, что это моя будущая работа. В 12 лет, когда я стал гроссмейстером, я уже не сомневался, что именно шахматами я буду зарабатывать на жизнь. Когда я был ребёнком, я начал работать, так как родители зарабатывали немного . Но родители думали о моём будущем, поэтому много времени занимались со мной.

Я сам сделал свой выбор. От меня никто ничего не требовал, мне всегда нравилось играть. Мне всегда было приятно выигрывать у старших. Так сложилось, что я почти всегда выигрывал. Чувство победы — это необыкновенное чувство.

Сначала ко мне относились не очень серьёзно, но потом это изменилось. Хотя надо сказать, что мой случай не был такой редкостью: молодые чемпионы мира, например Каспаров, рано показывали свои таланты. Уже в 15–16 лет было видно, что из них вырастут гроссмейстеры экстра-класса.

Я не жалею, что посвятил детство шахматам. Шахматы — это моя жизнь, я их люблю, и, как показывают результаты игр, у меня неплохо получается. Сейчас трудно представить, что я занимаюсь чем-то другим. Конечно, когда я был ребёнком, мне не хватало игр во дворе, не хватало времени читать книги, но все что-то отдают за результаты. Думаю, ни у кого из великих шахматистов не было такого детства, как у ребят, играющих во дворах».

Задания 11–15. Прослушайте текст 3, фрагмент из интервью с олимпийской чемпионкой Юлией Липницкой. Выполните задания к нему. Время выполнения заданий — до 10 минут. Выберите один вариант ответа.

Текст 3

Самая молодая олимпийская чемпионка по фигурному катанию Юлия Липницкая после официального завершения спортивной карьеры в сентябре 2017 года дала единственное интервью для сайта Федерации фигурного катания России.

— Юля, это было твоё решение закончить спортивную карьеру?

— В этот раз на 100 процентов было моё твёрдое решение. Я думала об этом не один и не два, и не три месяца, то есть я достаточно долго думала, обдумывала все за и против. Когда ещё зимой я уезжала в клинику лечиться и находилась там довольно долго. Поверьте, мне хватило времени, чтобы обо всём подумать.

Больше всего я боялась неизвестности. Самое страшное было для меня понять, что будет дальше. Я выхожу из клиники, и что? Особенно когда я начала понимать, что на 99,9 процентов всё идёт к тому, что я заканчиваю со спортом. И тут у меня началось такое сильное волнение от всей этой неизвестности, что будет? Это было просто ужасно! И когда я вернулась домой, то первую неделю сидела и думала, а дальше как начинать, что делать. Неизвестность — это страшная вещь.

С мамой я поговорила сразу, она меня поняла. Вместе мы решили, что если новая жизнь, то новая жизнь. Следовательно, надо ехать в Федерацию, сообщить всем, объяснить ситуацию, рассказать, почему так получилось. И я это сделала. А дальше мы с руководством Федерации договорились, что мы все вместе ждём сентября и на контрольных прокатах делаем официальное заявление, что я заканчиваю карьеру. И всё.

Конечно, я не добилась в спорте всего, чего хотела. Осталось очень много, чего я хотела бы добиться. Но что получилось, то получилось, пусть не на 100 процентов — помешали проблемы со здоровьем.

После «Кубка России» я пришла домой, сложила коньки в шкаф и с тех пор их не видела. Больше меня не тянет на лёд. Вот и вся история.

Задания 16–20. Прослушайте текст 4, диалог мужа и жены о поездке к друзьям. Выполните задания к нему. Время выполнения заданий — до 5 минут. Выберите один вариант ответа.

Текст 4

Жена: Дорогой, Ивановы пригласили нас к ним на дачу в выходные. Я хотела бы поехать.

Муж: Если честно, я не хочу к ним ехать.

Жена: Но почему?

Муж: Долго ехать. Туда пробки, обратно пробки. У меня нет никакого желания половину выходных проводить в машине.

Жена: Давай поедем на электричке.

Муж: Ты смеёшься надо мной?!

Жена: Я серьёзно предлагаю поехать на электричке. А что? Вспомним студенческие годы. Ездили на электричках большими компаниями за город, песни пели, в карты играли…

Муж: Ты мне и сейчас предлагаешь петь песни в электричке?!

Жена: Ну дорогой, давай поедем к Ивановым на дачу!

Муж: Я не хочу. И вообще! Ивановы твои друзья, а не мои. Мне скучно у них.

Жена: Правда? А мне так никогда не казалось. По-моему, ты всегда весёлый и очень разговорчивый, когда мы с ними встречаемся. В последний раз ты весь вечер шутил и рассказывал смешные истории.

Муж: Я делал вид, что мне весело, чтобы тебя не обидеть.

Жена: Я тебе не верю.

Муж: Веришь или не веришь — твоё дело. Но в эти выходные я останусь дома.

Жена: Ну и ладно! Поеду одна! А ты, если хочешь, сиди дома все выходные.

Задания 21–25. Прослушайте текст 5, диалог Бориса и Марины на улице. Выполните задания к нему. Время выполнения заданий — до 5 минут. Выберите один вариант ответа.

Текст 5

Борис: Девушка, простите, как пройти в библиотеку?

Марина: В библиотеку? Как вы интересно знакомитесь с девушками на улице!

Борис: Но мне, правда, нужно в библиотеку. Что вас так удивляет?

Марина: Просто не понимаю, неужели кто-то ходит туда сейчас? Все книги есть в интернете, они там очень дешёвые или даже бесплатные!

Борис: Ну, я предпочитаю обычные книги, из бумаги. Приятно, знаете ли, переворачивать страницы, а не нажимать пластиковые кнопки.

Марина: Да-да, и эти бумажные страницы до вас переворачивали чужие люди. Мне неприятно читать книгу после каких-то незнакомцев.

Борис: А мне кажется, это не важно, ведь другие читатели — такие же люди, как вы и я.

Марина: Всё равно, я читаю только свои книги или беру у друзей. В книжных магазинах можно найти абсолютно всё — и детективы, и фантастику.

Борис: Я почти не покупаю книги, потому что не хочу иметь много вещей.

Марина: Вы экономите деньги?

Борис: Нет, совсем не поэтому! Мне приходится много путешествовать. Такая работа! Покупаю только самое нужное, что можно положить в чемодан.

Марина: Вы лётчик? Или капитан?

Борис: Нет, я журналист. Работаю в журнале. А вы чем занимаетесь?

Марина: А я инструктор по плаванию. Скажите, какая страна вам понравилась больше всего?

Борис: Бразилия! Вот только что вернулся оттуда.

Марина: Бразилия? Ничего себе! А почему вы поехали туда?

Борис: Я мог бы сказать, что хотел увидеть бразильский карнавал. Но если серьёзно, я собираюсь написать несколько статей о том, как живут люди в Бразилии.

Марина: Здорово! Расскажете мне о Бразилии?

Борис: С удовольствием! Может быть, кофе? Кстати, как вас зовут?

Марина: Марина! А вас?

Борис: А меня Борис.

Задания 26–30. Прослушайте текст 6, диалог отца с дочерью. Выполните задания к нему. Время выполнения заданий — до 5 минут. Выберите один вариант ответа.

Текст 6

— Привет, папа, я дома!

— Маша! Где ты так долго ходишь? Мы с мамой тебя уже целый час ждём. Мама звонила тебе уже несколько раз, а ты не отвечаешь.

— Извините, после занятий я забыла включить звук на телефоне, поэтому не слышала ваших звонков. Мы с друзьями пошли в кафе, долго разговаривали, решали, что будем делать в пятницу: пойдём в кино или устроим вечеринку. Совсем не заметила, как время пролетело. А вы бы ужинали без меня.

— Маша, мы же договорились, что сегодня ужинаем все вместе.

— Ну прости, папа, я же не специально опоздала. А где мама? Давайте ужинать.

— Мама в другой комнате, разговаривает по телефону с бабушкой. Маша, мне нужно с тобой серьёзно поговорить. Мама согласна со мной, но она не готова начинать разговор на эту тему, она считает, что в этом нет смысла.

— В чём я опять виновата?

— Маша, нас с мамой очень беспокоит твоя учёба. Нам кажется, что ты недостаточно занимаешься и очень много времени проводишь с друзьями. Вечеринки, кино, подруги — всё это прекрасно, конечно. Но мы хотим, чтобы ты не забывала о своих обязанностях. Если ты не окончишь университет, то… Я даже думать об этом боюсь.

— Ничего страшного не случится.

— Как ты можешь так говорить, ты помнишь, сколько денег мы платим за твоё образование?

— Папа, ты серьёзно думаешь, что после этих слов я буду больше заниматься?

— Ты обязана больше заниматься!
— Я никому ничего не обязана! Ужинайте без меня, я не голодна!
— Маша!

ПИСЬМО
쓰기 영역 예시 답안

Задание 1. Ваши друзья изучают иностранные языки, но некоторые из них не знают, как начать говорить. Прочитайте статью «Как начать говорит на иностранном языке» и напишите в вашем блоге об этом. Используйте этот план:

— что такое языковой барьер;
— опишите причины языкового барьера;
— какие способы решения проблемы вас заинтересовали;
— с какими способами вы не согласны;
— какие способы начать говорить на иностранном языке у вас есть

Первый вариант ответа

Языковым барьером называется страх людей начать говорить на иностранном языке.

Есть несколько причин, почему люди боятся говорить на иностранном языке. Во-первых, это страх совершить ошибку. Люди не хотят показаться смешными или глупыми. Поэтому многие часто говорят просто «да» или «нет». Во-вторых, некоторые боятся говорить на иностранном языке из-за своего произношения. В-третьих, люди не начинают разговаривать, потому что думают, что не смогут понять собеседника.

Специалист международного сервиса Preply Юлия Боюн предлагает несколько способов решения данной проблемы. Например, она советует перестать бояться делать ошибки. Мне кажется, это является основным и самым важным способом борьбы с языковым барьером. Если постоянно бояться и молчать, тогда невозможно будет выучить язык даже за десять лет. Изучая иностранный язык, нужно постоянно говорить. Не надо бояться сделать ошибку, не надо стесняться своего произношения. Носители языка обязательно вас поймут и даже будут хвалить за то, как вы усердно учите их язык.

В данной статье нам предлагают очень хорошие способы начать говорить на иностранном языке. Но я не могу полностью согласиться с тем, что не нужно использовать длинные фразы, если вы ещё не уверены в себе. Я думаю, если использовать только короткие и лёгкие выражения, можно быстро привыкнуть к ним. В результате будет тяжело начать использовать более длинные фразы. Так как при разговоре на иностранном языке человек испытывает волнение и неосознанно начинает использовать удобные выражения, к которым давно привык. Поэтому, даже изучив более тяжелые и длинные фразы, он продолжает использовать короткие, а длинные остаются неиспользованными и забываются.

Помимо советов, о которых говорится в статье, я знаю ещё один способ решения данной проблемы. Мне кажется, что пение песен также может помочь начать говорить на иностранном языке. Конечно, лучшим способом будет общение с носителями языка, но не у всех есть иностранные знакомые, с которыми можно практиковать речь. Выражения из песен, которые вы часто слушаете, будут запоминаться намного легче и быстрее, чем выражения из учебника. Этот очень простой, а главное интересный способ поможет выучить полезные выражения и улучшит произношение. Советую всем попробовать его.

Второй вариант ответа

Некоторые люди, которые изучают иностранный язык, боятся начать говорить. Этот страх называется языковым барьером.

В статье говорится, что языковой барьер возникает в результате психологических проблем. Многие боятся совершить ошибку, сказать что-то неправильно, чтобы не показаться глупыми или смешными собеседнику. Также некоторые не начинаю говорить из-за своего произношения. Они считают его плохим и поэтому стесняются разговаривать. Ещё одной причиной может стать страх не понять собеседника. Люди боятся, что не поймут собеседника, поэтому даже не начинают разговор.

Мне кажется, одним из самых интересных и эффективных способов борьбы с этой проблемой является последний совет статьи. Он заключается в том, что нужно говорить при каждом удобном случае. С развитием интернета мы получили возможность общаться с людьми по всему миру. Сейчас существует много сайтов языкового обмена. Можно находить там друзей и разговаривать с ними. Также можно пойти в языковой клуб и лично пообщаться с носителями языка. Главное много и постоянно говорить и не бояться делать ошибки.

Однако, я не совсем согласна с мнением автора, что нужно переспрашивать собеседника, если вам что-то непонятно. Мне кажется, нужно учиться понимать собеседника по ситуации, его жестам. Конечно, если вы переспросите или попросите сказать медленнее, многие не откажут. Но некоторые могут отреагировать на просьбу не очень дружелюбно. В результате, у человека, изучающего иностранный язык, страх говорить наоборот может увеличиться.

В статье даны самые основные способы борьбы со страхом начать говорить, но я хотел бы предложить ещё один. Я думаю, также нужно много читать вслух на иностранном языке. Чтение вслух поможет правильно строить предложения и улучшит произношение. Читая книги, можно выписывать интересные фразы из них и заучивать наизусть. Этот способ изучения иностранного языка отлично подойдёт тем, кто стесняется общаться с незнакомыми людьми или предпочитает быть один.

Надеюсь, данная информация поможет тем, кто столкнулся с проблемой языкового барьера и боится начать говорить.

Задание 2. Вчера вы получили письмо от русского друга, с которым вы давно не общались. Напишите ему письмо и расскажите, как прошёл ваш год.

Используйте следующие вопросы:

• Как ваша учёба (работа)? Что произошло, что изменилось за последний год в учёбе (на работе)?
• Как живёт ваша семья? Что у них нового?
• Как дела у ваших общих друзей? Какие события произошли в их жизни? Появились ли у них новые друзья? Кто они?
• Где и когда вы были на каникулах (в отпуске)? Почему вы решили туда поехать? Понравилось ли вам путешествие?
• Какие у вас планы на будущее?
• И, конечно, поинтересуйтесь жизнью вашего друга.

В вашем письме должно быть не менее 20 предложений.

Первый вариант ответа

Дорогая Люба, привет!

Я была очень рада получить твоё письмо. Мы так давно не общались! У меня всё хорошо. В этом году я заканчиваю университет, поэтому сейчас усердно пишу дипломную работу. Постоянно занимаюсь в библиотеке, домой прихожу только спать. Мне осталось написать последнюю главу. Профессор меня хвалит. Надеюсь, я смогу на отлично защитить её.

Дома тоже всё в порядке. Мы недавно переехали в новый дом. Он очень просторный. Мама всегда мечтала о доме с большой кухней. А летом на каникулах мы с родителями и братом ездили отдыхать к морю. Нам там очень понравилось. Мы много гуляли, плавали в море, ели вкусную еду, делали покупки. Я отправлю тебе фотографии.

Ах да, недавно я встретила Кванхи. Ты же его не забыла? Мы с ним долго разговаривали. Вспоминали нашу учёбу в России, наших русских друзей. Кванхи в прошлом году окончил университет и устроился в торговую компанию. Говорит, ему нравится работа. Он дал мне несколько советов, как искать работу и проходить собеседование.

Я надеюсь, что хорошо напишу дипломную работу и удачно сдам все экзамены. Затем я планирую начать искать работу.

А как у тебя дела на работе? Не тяжело? Как коллеги? Бери отпуск и приезжай к нам в гости. Мы будем очень рады. Всего тебе доброго! Жду ответное письмо.

Твоя подруга Юми

Второй вариант ответа

Здравствуй, Паша!

Мне очень приятно, что ты вспомнил обо мне и написал. Уже прошёл целый год с нашей последней встречи.

У меня всё нормально. После того, как я вернулся домой в Мадрид, я сразу устроился на работу в туристическую компанию. В Испанию каждый год приезжает много русских туристов. Мне очень нравится с ними общаться по-русски, показывать им Мадрид, рассказывать его историю. Когда я общаюсь с русскими туристами, я всегда вспоминаю тебя и Колю.

Месяц назад у меня был отпуск. Я ездил во Францию со своей девушкой Марией. Она давно мечтала туда съездить, посмотреть на Эйфелеву башню. Я тоже давно хотел сходить в Лувр. Нам там очень понравилось. После отпуска было очень сложно выходить на работу. Но сейчас надо много работать, потому что на следующий год я планирую купить дом и жениться на Марии.

У родителей тоже всё хорошо. В этом году они вышли на пенсию, и теперь у них много свободного времени. Они очень хотят с вами познакомиться и приглашают вас в гости. Мама приготовит много вкусной испанской еды.

Кстати, у меня есть отличная новость! Наша подруга Сандра летом выходит замуж. После свадьбы они планируют переехать жить в Барселону. Я думаю, она будет очень рада, если вы сможете приехать на её свадьбу.

А что у тебя нового? Чем ты сейчас занимаешься? Как родители? Не болеют?

С нетерпением буду ждать ответа! Надеюсь, скоро увидимся.

С наилучшими пожеланиями, Хуан

ГОВОРЕНИЕ
말하기 영역 예시 답안

Задание 1 (позиции 1–5). Примите участие в диалоге. Ответьте на реплики собеседника.

1. – Сколько времени вы изучаете русский язык?

   1) – <u>Я изучаю русский язык около трёх лет.</u>

   2) – <u>Я учу русский язык четыре с половиной года.</u>

2. – Почему вы изучаете русский язык?

   1) – <u>Я считаю, что русский – довольно популярный язык. На нём говорят во многих странах. Также наша страна имеет торговые и экономические отношения с Россией.</u>

   2) – <u>В будущем я мечтаю стать переводчиком. Я хочу переводить русскую литературу на корейский язык.</u>

3. – Когда у вас день рождения?

   1) – <u>Мой день рождения зимой, шестого февраля.</u>

   2) – <u>У меня день рождения двадцать второго апреля.</u>

4. – Какое у вас любимое время года? Почему?

   1) – <u>Я люблю весну. Потому что весной хорошая и солнечная погода. Ещё весной очень красиво, повсюду распускаются красивые цветы.</u>

   2) – <u>Моё любимое время года – зима. Зимой много хороших и весёлых праздников, таких как Рождество, Новый год. Ещё зимой у меня день рождения.</u>

5. – Где вы обычно отдыхаете летом? Почему?

   1) – <u>Летом мы с родителями и сестрой ездим на море. Мы любим купаться и загорать. Это наш самый любимый вид отдыха.</u>

   2) – <u>Летом я обычно путешествую. Мне нравится посещать другие города и страны, знакомиться с новыми людьми, пробовать новую еду.</u>

Задание 2 (позиции 6–10). Познакомьтесь с описанием ситуации. Примите участие в диалогах.

6. Ваш друг пригласил вас в кино, но вы не можете пойти. Позвоните ему и объясните почему.

1) – <u>Миша, здравствуй! Извини, но я не смогу пойти с тобой в кино. В понедельник у нас экзамен по русскому языку, а я ещё не успел подготовиться.</u>

2) – <u>Алло, Катя, привет! К сожалению, я не смогу пойти с тобой в кино. Родители уезжают по делам, а мне нужно присмотреть за маленьким братом.</u>

7. У вас сломался мобильный телефон. Вы пришли в сервисный центр. Поговорите с мастером.

1) – <u>Здравствуйте! У меня не работает мобильный телефон. Посмотрите, пожалуйста, в чём проблема.</u>

2) – <u>Добрый день! У меня сломался мобильный телефон. Вы не могли бы его починить?</u>

8. Вы пришли к врачу. Объясните, что случилось, почему вы пришли.

1) – <u>Здравствуйте! Я плохо себя чувствую. У меня температура и кашель.</u>

2) – <u>Здравствуйте! Мне кажется, я отравился. У меня сильно болит живот, и меня тошнит.</u>

9. Вы на улице и не знаете, где ближайший супермаркет. Спросите прохожего.

1) – <u>Извините, пожалуйста, вы не знаете, где ближайший супермаркет?</u>

2) – <u>Будьте добры, подскажите, пожалуйста, как пройти до ближайшего супермаркета?</u>

10. Вы решили переехать жить в другой город/страну. Сообщите другу/подруге о своём решении. Объясните, почему вы решили переехать.

1) – <u>Коля, я решил переехать жить в Китай. Мне предложили там работу. Ты же знаешь, как я мечтал работать в Пекине. Я улетаю в следующем месяце.</u>

2) – <u>Настя, я хотела сообщить тебе, что в ближайшее время планирую переехать в Испанию. В последнее время у меня сильные проблемы со здоровьем. Доктор посоветовал мне переехать в страну с морским климатом.</u>

Задание 3. Ваш знакомый мальчик или девочка чувствует себя несчастным/ой, так как родители не разрешают заводить домашних животных. Прочитайте этот текст и расскажите, какие ещё бывают ситуации у других детей.

Первый вариант ответа

Недавно в интернете я прочитала интересную статью про одну девочку. Она тоже очень хотела иметь домашнее животное. Когда она была маленькой, она жила с бабушкой. У бабушки во дворе было много кошек, с которыми она могла играть.

Но потом родители забрали её в город. Она очень скучала по животным и мечтала завести питомца, но мама была против. Однажды папа подарил девочке хомяка, она была очень рада. Но хомяк шумел по ночам, поэтому его отдали знакомым. Через год девочка с отцом принесли домой черепаху. Девочка играла с ней и кормила её. А когда она уехала на каникулы к бабушке, мама отдала знакомым и черепаху.

Потом папа подарил девочке кота. Но мама увезла и его, так как он разбил её вазу. Через несколько лет у девочки появилась собака, которую тоже отдали. Девочке было очень грустно постоянно расставаться с любимыми питомцами. Она не могла понять маму, но не спорила с ней.

Прошло много лет, девочка выросла и стала ветеринаром. Она лечит животных и ухаживает за ними. Теперь возле неё всегда есть животные, поэтому она очень счастлива.

Второй вариант ответа

Я хочу рассказать одну историю про девочку, которая очень любила животных. Она всегда мечтала завести питомца, но родители не разрешали. В детстве некоторое время она жила у бабушки. Там были кошки, с которыми она играла.

Но потом родители забрали её в город. Девочка очень скучала по животным. Поэтому папа подарил ей хомяка. Она была очень счастлива. Но маме не нравился хомяк. Он был очень шумный. Поэтому хомяка отдали знакомым.

Через год у девочки появилась черепаха, но её тоже отдали знакомым. Потом папа подарил девочке кота, которого мама увезла куда-то. Девочка очень страдала без кота и не могла понять маму. Она постоянно думала, почему мама так поступает с её питомцами. Потом мама также увезла и собаку, которая появилась у девочки через несколько лет.

Эта девочка выросла и стала ветеринаром. Возможно, из-за того, что мама девочки не разрешала заводить ей питомцев и постоянно отдавала их, девочка стала ещё больше их любить. Сейчас она каждый день проводит со своими любимыми животными, лечит их, заботится о них.

Задание 4 (позиция 13). Подготовьте сообщение на тему «Спорт в моей жизни». Следующие вопросы помогут вам подготовить рассказ:

- Занимаетесь ли вы спортом? Каким?
- Если да, то как долго вы занимаетесь этим видом спорта?
- Были ли у вас в школе уроки физкультуры и как часто?
- Посещаете ли вы какие-нибудь спортивные мероприятия?
- Смотрите ли вы спортивные программы?
- Любят ли спорт члены вашей семьи?
- Как вы думаете, нужно ли заниматься спортом? Почему?

В вашем рассказе должно быть не менее 20 предложений.

Первый вариант ответа

Спорт играет большую роль в моей жизни. Я не представляю и дня без спорта. Мне нравится не только заниматься спортом, но и смотреть различные спортивные соревнования. Я никогда не пропускаю летнюю Олимпиаду и соревнования по велоспорту.

Спортом я начал увлекаться ещё в детстве. Помимо уроков физкультуры в школе, которые были два раза в неделю, я посещал спортивные кружки по теннису и плаванию.

А сейчас у меня новое увлечение. Около трёх лет назад я начал заниматься велоспортом. Я сразу влюбился в этот спорт. Мне очень нравится ездить на велосипеде. Мы с друзьями часто ездим на велосипедах в другие города.

Также мы иногда посещаем различные мероприятия, связанные с велоспортом. Недавно мы участвовали в веломарафоне, который был посвящён Всемирному дню здоровья. Было очень тяжело, но интересно.

Я думаю, что любовь к спорту у меня от папы. Наш отец в молодости занимался футболом. Сейчас он тоже в очень хорошей спортивной форме, так как бегает по утрам на стадионе возле дома. В отличие от папы мама не любит спорт. Она никогда не занималась спортом. Она говорит, что у неё нет на это ни сил, ни времени.

Я считаю, что заниматься спортом нужно, особенно в наше время. Так как с развитием технологий люди стали намного меньше ходить, двигаться. Сейчас у многих проблемы со здоровьем, некоторые страдают из-за лишнего веса. А занятия спортом не только полезны для здоровья, но и помогают оставаться в хорошей физической форме.

Второй вариант ответа

Я считаю, что занятия спортом очень полезны не только для физического, но также и для психологического здоровья. Спорт помогает справиться со стрессом, снижает напряжение, улучшает сон. Хотя я понимаю всю важность занятий спортом, но сама начала заниматься совсем недавно.

Из-за проблем в университете я плохо сплю по ночам, а ещё я сильно набрала вес. Поэтому на каникулах я решила записаться в тренажёрный зал. Я хожу туда уже месяц два раза в неделю. Мне не очень нравится заниматься, но я всё равно стараюсь ходить, потому что понимаю, как важно заниматься спортом.

Занятия спортом я не люблю ещё с детства. В школе один раз в неделю были уроки физкультуры, на которых мы должны были бегать, прыгать, играть в спортивные игры. Я часто пропускала эти уроки. Обманывала учителя, что у меня болит голова или живот, и уходила.

Хотя я не люблю заниматься спортом, но мне очень нравится смотреть футбол. Я часто смотрю футбольные матчи дома по телевизору и иногда хожу на стадион. Я болею за команду «Челси». Однажды я даже ходила на финал Чемпионата Англии, в котором играла моя любимая команда.

На футбол я обычно хожу с папой и братом. Брат очень любит заниматься спортом и сам играет в футбол. Он играет за футбольную команду нашего университета. Папа тоже в молодости занимался спортом, играл в теннис. Сейчас родители по вечерам делают зарядку в парке или катаются на велосипедах. Надеюсь, я тоже когда-нибудь полюблю занятия спортом.

답안지

Рабочие матрицы

ЛЕКСИКА. ГРАММАТИКА

МАКСИМАЛЬНОЕ КОЛИЧЕСТВО БАЛЛОВ ЗА ТЕСТ – 165

Имя, фамилия_____ Страна_____ Дата_____

ЧАСТЬ 1			
1	А	Б	В
2	А	Б	В
3	А	Б	В
4	А	Б	В
5	А	Б	В
6	А	Б	В
7	А	Б	В
8	А	Б	В
9	А	Б	В
10	А	Б	В
11	А	Б	В
12	А	Б	В
13	А	Б	В
14	А	Б	В
15	А	Б	В
16	А	Б	В
17	А	Б	В

18	А	Б	В	
19	А	Б	В	
20	А	Б	В	
21	А	Б	В	
22	А	Б	В	
23	А	Б	В	
24	А	Б	В	
25	А	Б	В	
ЧАСТЬ 2				
26	А	Б	В	
27	А	Б	В	
28	А	Б	В	
29	А	Б	В	
30	А	Б	В	
31	А	Б	В	
32	А	Б	В	Г
33	А	Б	В	Г
34	А	Б	В	Г

답안지

35	А	Б	В	Г		59	А	Б	В	Г	
36	А	Б	В	Г		60	А	Б	В	Г	
37	А	Б	В	Г		61	А	Б	В	Г	
38	А	Б	В	Г		62	А	Б	В	Г	
39	А	Б	В	Г		63	А	Б	В	Г	
40	А	Б	В	Г		64	А	Б	В	Г	
41	А	Б	В	Г		65	А	Б	В	Г	
42	А	Б	В	Г		66	А	Б	В	Г	
43	А	Б	В	Г		67	А	Б	В	Г	
44	А	Б	В	Г		68	А	Б	В		
45	А	Б	В	Г		69	А	Б	В		
46	А	Б	В			70	А	Б	В	Г	
47	А	Б	В			71	А	Б	В	Г	
48	А	Б	В			72	А	Б	В	Г	
49	А	Б	В			73	А	Б	В	Г	
50	А	Б	В	Г		74	А	Б	В		
51	А	Б	В	Г		75	А	Б	В		
52	А	Б	В			76	А	Б	В	Г	
53	А	Б	В			77	А	Б	В	Г	
54	А	Б	В	Г		ЧАСТЬ 3					
55	А	Б	В	Г		78	А	Б	В		
56	А	Б	В	Г		79	А	Б	В		
57	А	Б	В	Г		80	А	Б	В		
58	А	Б	В	Г		81	А	Б	В		

82	А	Б	В			106	А	Б		
83	А	Б	В			107	А	Б		
84	А	Б	В			108	А	Б		
85	А	Б				109	А	Б		
86	А	Б				110	А	Б		
87	А	Б				111	А	Б		
88	А	Б				112	А	Б		
89	А	Б				113	А	Б		
90	А	Б				114	А	Б		
91	А	Б				115	А	Б		
92	А	Б				116	А	Б		
93	А	Б				117	А	Б		
94	А	Б				118	А	Б	В	
95	А	Б				119	А	Б	В	
96	А	Б				120	А	Б	В	
97	А	Б				121	А	Б	В	
98	А	Б				122	А	Б	В	
99	А	Б				123	А	Б	В	
100	А	Б				124	А	Б	В	
101	А	Б				125	А	Б	В	
102	А	Б				126	А	Б	В	
103	А	Б				127	А	Б	В	
104	А	Б				128	А	Б	В	
105	А	Б								

ЧАСТЬ 4				
129	А	Б	В	
130	А	Б	В	
131	А	Б	В	
132	А	Б	В	
133	А	Б		
134	А	Б		
135	А	Б		
136	А	Б		
137	А	Б		
138	А	Б		
139	А	Б		
140	А	Б		
141	А	Б		
142	А	Б		
143	А	Б		
144	А	Б		
145	А	Б	В	Г
146	А	Б	В	Г
147	А	Б	В	Г
148	А	Б	В	Г
149	А	Б	В	Г
150	А	Б	В	Г
151	А	Б	В	Г
152	А	Б	В	Г
153	А	Б	В	Г
154	А	Б	В	Г
155	А	Б	В	Г
156	А	Б	В	Г
157	А	Б	В	Г
158	А	Б	В	Г
159	А	Б	В	Г
160	А	Б	В	Г
161	А	Б	В	Г
162	А	Б	В	Г
163	А	Б	В	Г
164	А	Б	В	Г
165	А	Б	В	Г

ЧТЕНИЕ

МАКСИМАЛЬНОЕ КОЛИЧЕСТВО БАЛЛОВ — 140.

Имя, фамилия_____ Страна_____ Дата_____

1	А	Б	В	
2	А	Б	В	
3	А	Б	В	
4	А	Б	В	
5	А	Б	В	
6	А	Б	В	
7	А	Б	В	
8	А	Б	В	
9	А	Б	В	
10	А	Б	В	
11	А	Б	В	
12	А	Б	В	
13	А	Б	В	
14	А	Б	В	
15	А	Б	В	
16	А	Б	В	
17	А	Б	В	

18	А	Б	В	
19	А	Б	В	
20	А	Б	В	

절취선을 따라 잘라서 사용하세요

АУДИРОВАНИЕ

МАКСИМАЛЬНОЕ КОЛИЧЕСТВО БАЛЛОВ ЗА ТЕСТ – 120

Имя, фамилия_____ **Страна**_____ **Дата**_____

1	А	Б	В	
2	А	Б	В	
3	А	Б	В	
4	А	Б	В	
5	А	Б	В	
6	А	Б	В	
7	А	Б	В	
8	А	Б	В	
9	А	Б	В	
10	А	Б	В	
11	А	Б	В	
12	А	Б	В	
13	А	Б	В	
14	А	Б	В	
15	А	Б	В	

16	А	Б	В	
17	А	Б	В	
18	А	Б	В	
19	А	Б	В	
20	А	Б	В	
21	А	Б	В	
22	А	Б	В	
23	А	Б	В	
24	А	Б	В	
25	А	Б	В	
26	А	Б	В	
27	А	Б	В	
28	А	Б	В	
29	А	Б	В	
30	А	Б	В	

ПИСЬМО

Имя, фамилия _____ **Страна** _____ **Дата** _____

ПИСЬМО

Имя, фамилия _____ **Страна** _____ **Дата** _____

러시아어 단계별 종합 교재 시리즈

러시아로 가는 길 시리즈 (청취 CD별매)
단계별 시리즈: 1단계, 2단계, 3단계, 4단계

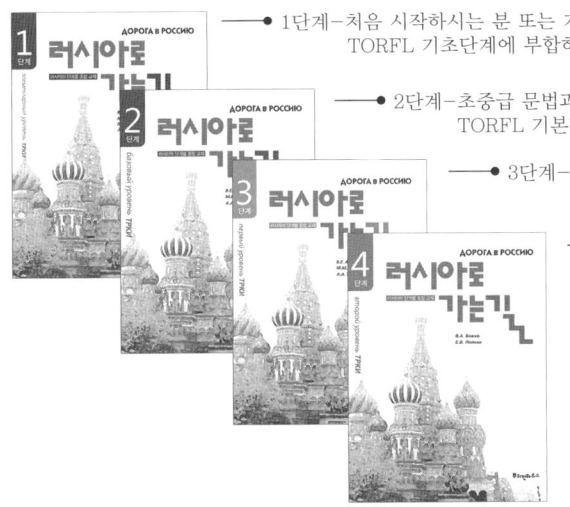

- 1단계-처음 시작하시는 분 또는 기초 문법과 표현 정리가 안되시는 분
  TORFL 기초단계에 부합하는 영역들로 구성
- 2단계-초중급 문법과 어휘력 향상이 필요하신 분
  TORFL 기본단계에 부합하는 영역들로 구성
- 3단계-1년 이상 배우신 분, 기본적인 원서 독해가 가능하신 분
  TORFL 1단계에 부합하는 영역들로 구성
- 4단계-중고급 문법과 어휘력 향상이 필요하신 분
  TORFL 2단계에 부합하는 영역들로 구성

문법과 회화를 동시에 습득할 수 있는 단계별 종합 교재로 '러시아어 능력 인증시험 토르플(TORFL)'의 시험 단계인 문법, 회화, 읽기, 쓰기의 다양한 영역을 준비할 수 있습니다.

러시아어 인텐시브 회화 시리즈
단계별 시리즈: 1단계, 2단계, 3단계, 4단계

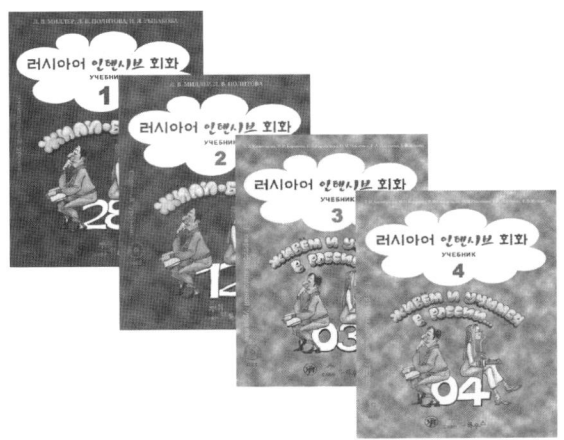

인텐시브 회화 1단계, 2단계는 오디오 자료를 뿌쉬낀하우스 홈페이지, 출판센터 자료실에서 다운로드할 수 있습니다.
3단계, 4단계 도서에는 CD가 포함되어 있습니다.

단계별로 구성되어 있는 회화 교재를 통해 다양한 표현들을 익혀 창조적인 의사소통이 가능하도록 도와줍니다. 다양한 주제와 문화에 관한 텍스트를 통해 러시아 문화에 대한 이해의 폭을 넓히고, 동시에 실생활에서 사용되는 러시아어의 여러 문제를 익힐 수 있습니다.

러시아 교육문화센터
뿌쉬낀하우스
교육센터 / 문화센터 / 출판센터
Tel. 02)2237-9387　Fax. 02)2238-9388
http://www.pushkinhouse.co.kr